自动驾驶汽车传感器技术与应用

Zidong Jiashi Qiche Chuanganqi Jishu yu Yingyong

张新敏　段卫洁　主　编
悦中原　杨文华　曹红玉　副主编
　　　　　缑庆伟　主　审

人民交通出版社股份有限公司
北　京

内 容 提 要

本书是高等职业教育智能网联汽车技术专业教材。全书分为六个模块,主要内容有:自动驾驶汽车概述、转速与相位传感器技术、环境感知技术、导航定位系统、车载网络技术和传感器融合技术应用。

本书可作为高职高专院校智能网联汽车技术专业的教学用书,也可作为智能网联汽车相关技术人员的培训教材。

图书在版编目(CIP)数据

自动驾驶汽车传感器技术与应用/张新敏,段卫洁主编.—北京:人民交通出版社股份有限公司,2023.10

ISBN 978-7-114-18941-8

Ⅰ.①自… Ⅱ.①张… ②段… Ⅲ.①汽车驾驶—自动驾驶系统—传感器—高等职业教育—教材 Ⅳ.①U463.61

中国国家版本馆 CIP 数据核字(2023)第 152578 号

书　　名:	自动驾驶汽车传感器技术与应用
著 作 者:	张新敏　段卫洁
责任编辑:	戴慧莉
责任校对:	赵媛媛　魏佳宁
责任印制:	张　凯
出版发行:	人民交通出版社股份有限公司
地　　址:	(100011)北京市朝阳区安定门外外馆斜街 3 号
网　　址:	http://www.ccpcl.com.cn
销售电话:	(010)59757973
总 经 销:	人民交通出版社股份有限公司发行部
经　　销:	各地新华书店
印　　刷:	北京虎彩文化传播有限公司
开　　本:	787×1092　1/16
印　　张:	12
字　　数:	296 千
版　　次:	2023 年 10 月　第 1 版
印　　次:	2023 年 10 月　第 1 次印刷
书　　号:	ISBN 978-7-114-18941-8
定　　价:	38.00 元

(有印刷、装订质量问题的图书,由本公司负责调换)

前言 | PREFACE

近年来,全球新一轮的科技革命和产业变革加速演进,新一代信息技术及其深度应用已经推动人类社会步入新的发展阶段,智能经济蓬勃发展,对经济社会发展影响深远。汽车技术的发展日新月异,电动化、网联化、智能化、共享化成为汽车产业发展潮流和趋势。目前,我国汽车产业总体水平处于国际领先地位,自主品牌市场份额逐年提高,关键零部件供给能力明显增强,新能源汽车产业体系日渐完善,电池、电机、电控及整车具有较强的国际竞争力,这为智能汽车的发展奠定了坚实的基础。从政策发展来看,2015年5月,国务院印发《中国制造2025》发展纲要,汽车被列入"十大重点领域","智能网联汽车"首次在国家政策层面正式提出。2019年9月,中共中央、国务院印发《交通强国建设纲要》,提出加强智能网联汽车(智能汽车、自动驾驶、车路协同)研发,形成自主可控完整的产业链。国家发展改革委、工业和信息化部等11部委联合发布《智能汽车创新发展战略》,提出到2025年,实现有条件自动驾驶的智能汽车达到规模化生产,实现高度自动驾驶的智能汽车在特定环境下市场化应用。2021年2月,国务院印发《国家综合立体交通网规划纲要》,提出推进智能网联汽车(智能汽车、自动驾驶、车路协同)应用,推动智能网联汽车与智慧城市协同发展。在政策、技术与市场等多重因素的影响下,汽车产业作为国民经济的重要支撑产业,与能源、交通、信息通信等领域有关技术加速融合,正朝着网联化、智能化进程加速推进。智能网联汽车技术的发展已进入快车道。然而,目前国内高职院校汽车专业人才培养供给难以满足智能网联汽车产业发展需求。

2021年4月,中国汽车工程学会、国家智能网联汽车创新中心发布了全国职业院校《智能网联汽车专业建设白皮书(2021版)》,为职业院校智能网联汽车技术专业建设提供了思路。为了抓住汽车产业智能化发展战略机遇,满足行业对智能网联汽车技术专业人才的需求,加快推进智能汽车技术创新发展,人民交通出版社股份有限公司组织相关院校教师与企业专家共同开发了高等职业教育智能网联汽车技术专业教材。本系列教材具有以下特点:

1. 以爱党、爱国、爱社会主义、爱人民、爱集体为主线,围绕政治认同、家国情怀、文化素养、宪法法治意识、道德修养等因素,深入挖掘教材内容中蕴含的思政资源,提炼并利用教材思政元素,寓价值观引导于知识传授和能力培养之中,帮助学生树立正确的世界观、人生观、价值观,实现全员全程全方位育人。

2. 立足先进的职业教育理念,紧跟汽车新技术的发展步伐,结合智能网联汽车技术专业的人才培养模式和课程体系设置进行教材内容设置,及时反映产业升级和行业发展需求,体现新知识、新技术、新工艺、新方法、新材料。

3. 以就业为导向,以职业能力培养为核心,注重学生实践应用能力的培养和技能的提升,使学生培养过程实现"理实一体",旨在为行业培养高素质的智能网联汽车技术技能人才。

4. 教材呈现形式立体化,借助现代信息技术,科学整合多媒体、多形态、多层次的数字资源,将教材的知识点以二维码链接数字资源;增加教学资源配套,所有教材均配有 PPT 课件及习题答案。

自动驾驶是一种新兴的技术,它基于先进的传感器技术、人工智能和机器学习等技术来实现。自动驾驶汽车可以实现完全自主驾驶或半自主驾驶,从而提高驾驶安全性、减少事故和交通拥堵,降低能源消耗和环境污染。

《自动驾驶汽车传感器技术与应用》是本系列教材之一。全书由北京交通运输职业学院张新敏、段卫洁担任主编,悦中原、杨文华、曹红玉担任副主编,缑庆伟担任主审。作者在编写过程中引用了相关文献和资料的内容,特向其作者表示诚挚的谢意。

由于智能网联汽车技术是一个新专业,涉及知识面较广,限于作者水平,书中难免出现疏漏或错误之处,恳请读者给予指正。

作 者
2023 年 6 月

目录 | CONTENTS

模块一　自动驾驶汽车概述 ·················· 1
    一、自动驾驶汽车技术概述 ·················· 1
    二、自动驾驶汽车传感器认知 ·················· 9
    拓展阅读 ·················· 11
    技能实训 ·················· 12
    思考与练习 ·················· 15

模块二　转速与相位传感器技术 ·················· 16
    一、车轮转速与相位传感器 ·················· 16
    二、加速度与相位传感器 ·················· 19
    三、光电式转速与相位传感器 ·················· 23
    拓展阅读 ·················· 29
    技能实训 ·················· 29
    思考与练习 ·················· 40

模块三　环境感知技术 ·················· 41
    一、超声波传感器装调与测试 ·················· 41
    二、毫米波雷达装调与测试 ·················· 50
    三、激光雷达装调与测试 ·················· 56
    四、摄像头装调与测试 ·················· 63
    拓展阅读 ·················· 70
    技能实训 ·················· 70
    思考与练习 ·················· 82

模块四　导航定位系统 ·················· 83
    一、卫星定位系统装调与测试 ·················· 83
    二、惯性导航系统装调与测试 ·················· 92

拓展阅读 …………………………………………………………… 97
　　技能实训 …………………………………………………………… 97
　　思考与练习 ………………………………………………………… 101

模块五　车载网络技术 ……………………………………………… 103
　　一、车载网络认知 ………………………………………………… 103
　　二、CAN 总线检修 ………………………………………………… 114
　　三、LIN 总线检修 ………………………………………………… 127
　　四、数据共享技术认知 …………………………………………… 136
　　拓展阅读 …………………………………………………………… 150
　　技能实训 …………………………………………………………… 151
　　思考与练习 ………………………………………………………… 160

模块六　传感器融合技术应用 ……………………………………… 161
　　一、传感器调试与标定 …………………………………………… 161
　　二、多传感器融合案例 …………………………………………… 169
　　拓展阅读 …………………………………………………………… 179
　　技能实训 …………………………………………………………… 179
　　思考与练习 ………………………………………………………… 182

参考文献 ……………………………………………………………… 183

自动驾驶汽车概述

学习目标

▶ **知识目标**

1. 了解汽车电控技术基本知识;
2. 了解自动驾驶汽车关键技术;
3. 了解自动驾驶汽车传感器概况。

▶ **技能目标**

能通过查阅相关资料,归纳总结自动驾驶汽车关键技术。

▶ **素养目标**

1. 学会自主式学习;
2. 具备团队合作能力;
3. 能积极主动参与任务,能与小组成员团结协作,能执行实训室"整理、整顿、清扫、清洁、素养"(SEIRI、SEITON、SEISO、SEIKETSU、SHITSUK,5S)规定。

建议课时

8 课时

一 自动驾驶汽车技术概述

(一)汽车电控技术概述

现代轿车常见的电控系统有:电控发动机系统、电控变速器系统、电控制动(车身稳定、牵引力控制)系统、电控安全气囊系统、电控巡航控制系统、电控空调系统、电控导航系统、电控悬架系统、电控舒适系统。

1. 汽车电控技术优势

(1)提高发动机的动力性:进气阻力减小、提高了充气效率,且电控系统可以保证进入发动机的空气得到充分利用,从而提高发动机的动力性。

(2)提高发动机的燃油经济性:电控系统精确控制发动机工作所需的混合气浓度,使燃烧更完全、燃油利用更充分,从而提高发动机的燃油经济性。

(3)改善发动机的加速和减速性能:电子控制单元的高速处理功能使控制系统能够迅速响应,使汽车的加速和减速反映更灵敏。

(4)改善发动机的起动性能:电控系统能根据发动机温度变化,对进气量和供油量进行精确控制,从而保证发动机顺利起动和平稳经过暖机过程,可明显改善发动机的低温起动性能和热机运转性能。

(5)降低排放污染:电控系统对发动机在不同使用环境下的各种运行工况优化控制,提高了混合气燃烧质量,同时,各种排放控制系统在发动机上的运用,都使发动机的排放污染降低。

2. 应用在发动机上的电控系统

(1)电控燃油喷射系统(EFI)。

电控燃油喷射系统(EFI)如图1-1所示。在电控燃油喷射系统中,喷油量的控制是最基本的也是最重要的控制内容,ECU是根据进气量确定基本的喷油量,再根据其他的传感器(如冷却液温度传感器、节气门位置传感器等)信号对喷油量进行修正,使发动机在各种运行工况下,均能获得最佳浓度的混合气,从而提高发动机的动力性、经济性和排放性。除喷油量控制外,还有喷油正时控制、断油控制和燃油泵控制。

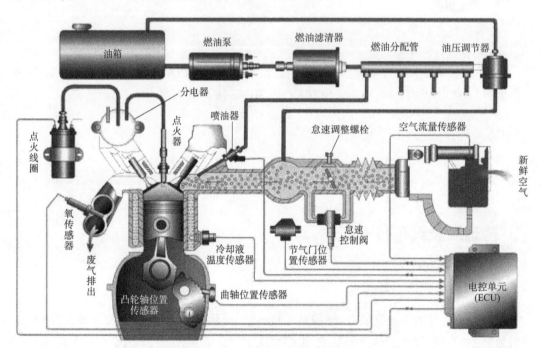

图1-1 电控燃油喷射系统

(2)电控点火系统(ESA)。

电控点火系统最基本的功能是点火提前角的控制。该系统根据曲轴位置、凸轮轴位置、爆震、进气管绝对压力、空气流量、节气门位置和发动机冷却液温度传感器的信号,判断发动机的运行工况和运行条件,选择最理想的点火提前角点燃混合气,从而改善发动机的燃烧过程,以实现提高发动机的动力性、经济性和降低发动机排放污染的目的。此外,电控系统还对点火线圈通电时间、爆燃进行控制。电控点火系统如图1-2所示。

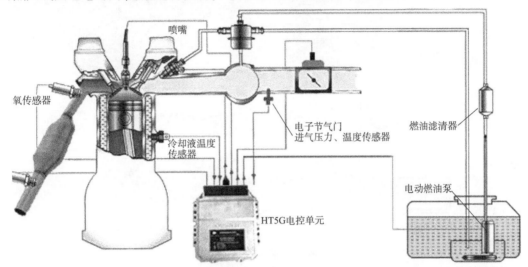

图1-2 电控点火系统

(3) 进气控制系统。

进气控制系统根据发动机转速和负荷的变化,对发动机的进气进行控制,以便提高发动机的进气效率,从而改善发动机的动力性。进气控制系统如图1-3所示。

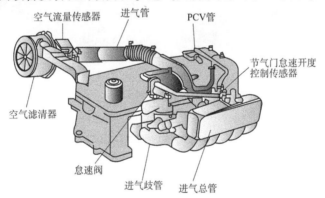

图1-3 进气控制系统

(4) 增压控制系统。

增压控制系统对发动机进气增压装置的工作进行控制。在装有废气涡轮增压装置的汽车上,ECU是根据检测到的进气管压力,对增压装置进行控制,从而控制增压装置对进气增压的强度。增压控制系统如图1-4所示。

(5) 怠速控制系统(ISC)。

电控系统根据发动机冷却液温度、压缩机、变速器挡位开关等信号,通过怠速控制阀对发动机的进气量进行控制,使发动机随时以最佳怠速转速运转。怠速控制系统有旁通空气式和节气门直动式,如图1-5所示。

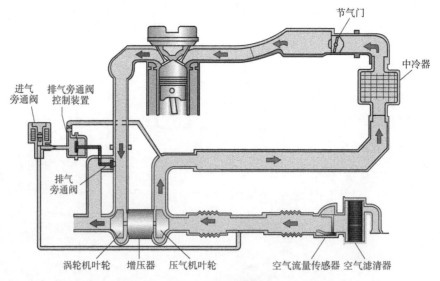

图1-4 增压控制系统

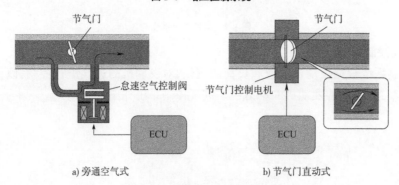

a) 旁通空气式　　　　　　　b) 节气门直动式

图1-5 怠速控制系统

(6) 排放控制系统。

排放控制系统根据发动机的转速和负荷对排放控制装置的工作进行电子控制,以降低发动机污染物的排放。其模块包括:废气再循环(EGR)、活性炭罐电磁阀(EVAP)、氧传感器和空燃比闭环控制、二次空气喷射等。

(7) 自我诊断与报警系统。

电子控制单元设有故障自诊断系统,随时对控制系统各部分的工作进行监测,当检测到传感器或执行器和相关线路出现故障时,即刻将故障内容储存在存储器中并同时点亮故障指示灯。

(8) 失效保护系统。

当传感器或其线路发生故障时,控制系统自动按电脑中预先设定的参考信号值工作,以便发动机能继续运转(IGF 例外)。

(9) 应急备用系统。

应急备用系统的功能由 ECU 内的备用集成电路(IC)来完成,当 ECU 内的微处理器或少数重要的传感器(CPU、I/O 接口、存储器、进气压力传感器)出现故障车辆无法行驶时,该系统将燃油喷射和点火正时控制在设定的水平上,作为一种备用功能使汽车能维持基本行驶,以便将汽车开到最近的维修站。

3. 发动机电控系统的基本组成

发动机电子控制系统的基本组成可分为信号输入装置、电子控制单元(ECU)和执行元件三大部分,如图1-6所示。

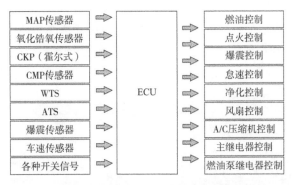

图1-6　发动机电控系统的基本组成

4. 智能汽车控制系统

(1)驾驶辅助系统。

驾驶辅助系统是为驾驶者提供协助,包括提供重要或有益的驾驶相关信息,以及在形势开始变得危急的时候发出明确而简洁的警告,如"车道偏离警告"(LDW)系统等。

(2)部分自动化系统。

部分自动化系统是在驾驶者收到警告却未能及时采取相应行动时能够自动进行干预的系统,如"自动紧急制动"(AEB)系统和"应急车道辅助"(ELA)系统等。

(3)高度自动化系统。

高度自动化系统是能够在或长或短的时间段内代替驾驶者承担操控车辆的职责,但是仍需驾驶者对驾驶活动进行监控的系统。

(4)完全自动化系统。

完全自动化系统即可无人驾驶车辆、允许车内所有乘员从事其他活动且无须进行监控的系统。这种自动化水平允许乘员进行工作、休息、睡眠以及娱乐等活动。

(二)自动驾驶汽车现状

为了在未来汽车产业生态竞争格局中占据主动,众多整车企业均在围绕自动驾驶汽车进行多方战略布局,加强战略转型,加大在自动驾驶汽车领域的投资。国内发布的L2级自动驾驶基本已实现自动制动(AEB)、自适应巡航(ACC)、智能领航(ICC)、自动泊车辅助(APA)、车道保持/偏离辅助控制等功能。自奥迪公司发布了全球首款L3级自动驾驶量产车辆奥迪A8后,近年来环境感知系统和智能控制技术不断发展,诞生了两种环境感知思路:以特斯拉为代表的视觉主导和以Waymo为代表的激光雷达主导,但为了降低成本以及为无人驾驶汽车提供更大的冗余,传感器有向融合发展的趋势。

自动驾驶汽车产业链已初步形成,未来5G将覆盖自动驾驶汽车产业链上下游,如上游的传感器、网络服务商、数据服务商、芯片供应商等,下游的出行服务、第三方应用和服务等。在大规模进入市场之前,自动驾驶汽车需要在实际场景中进行长时间的测试,不断验证系统、功能的可行性、安全性及稳定性。中国、美国、日本、德国、英国、新加坡等国家纷纷发布政策,准许自动驾驶汽车在公开道路上进行测试,并加大力量布局自动驾驶汽车测试示范区的建设。

谷歌无人驾驶汽车团队成立于2009年,最开始谷歌无人驾驶汽车只能在高速公路上试验,后来才慢慢地开始在一般的道路上试验。谷歌和菲亚特宣布合作,合作中菲亚特负责提供100辆汽车,而谷歌则负责自动驾驶所需的传感器和软件系统。谷歌自动驾驶汽车如图1-7所示。

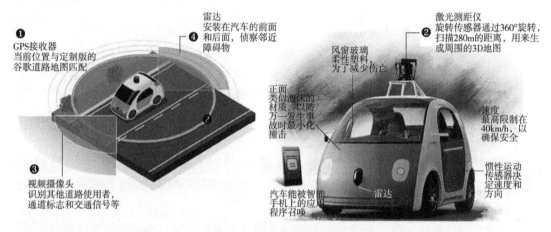

图1-7 谷歌自动驾驶汽车

图1-8 百度自动驾驶汽车

百度于2013年开启了自动驾驶汽车模块的开发。目前,百度已经在不同的道路情况下完成了第一次行驶测试,并计划在中国的10个城市进一步测试在各种天气、路况下汽车的行驶状况。百度自动驾驶汽车如图1-8所示。

百度自动驾驶汽车模块技术核心是"百度汽车大脑",包括高精度地图、定位、感知、智能决策与控制四大模块。百度与上海国际汽车城正式签约,将其无人驾驶汽车路测模块组落户上海。

(三)自动驾驶汽车关键技术

1. 感知是整个系统运行的第一步

虽然目前的环境感知技术已大体完善,但是要实现最高级的无人驾驶,还有很多地方需要改进。比如在恶劣的天气条件下、在不断变化和不利的光照条件下,各种元件不可避免地会受到影响。

2. 地图是最重要的先验信息之一

人们需要大规模地对地图信息进行预先采样和更新,以使车辆能够适应新情况。一种解决方法是建立云端的地图共享系统,它与离线的地图共享并且是动态更新的,但是这对系统的通信能力也提出了更高的要求;也有学者提出"即时定位与地图构建"(Simultaneous Localization And Mapping,SLAM)技术,它并不严重依赖于先验信息,允许自动驾驶系统持续观察环境并适应新情况。但是,这项技术需要更多的计算密集型算法,并且根据所使用的传感器和周围环境不同,可能会受到更多不确定性的影响。

3. 人工智能算法是自动驾驶的核心

借助于目前机器学习和深度学习的研究,人工智能已经能实现越来越多的自动控制,高级别的自动驾驶还需要把智能算法与传统的车辆动力学控制结合起来,对智能算法的稳定性和准确性有着极高要求;智能算法的道德性和合法性也是人们需要考虑的。"在不可避免的情况下,要撞向一个人的一侧还是撞向一群人的一侧?"类似这样的问题发生之后处理起来非常困难,就需要在技术层面上让它不会发生。

4. 车联网通信需借助新型信息通信技术

车联网的关键技术包括4G/5G车载蜂窝通信技术、LTE-V2X和802.11p直连无线通信技术等,其应用与自动驾驶技术的发展紧密相关,但是这些技术目前只是初步成熟,还需要集中研究力量重点突破。车联网信息的安全保护也是一个亟待关注的问题,车联网会产生一定的操纵数据、位置信息等,涉及个人隐私权益的保护,此外,还需要考虑应用领域的经济效益问题等。

自动驾驶汽车关键技术(三横两纵)如图1-9所示。

三横指的是车辆关键技术、信息交互关键技术、基础支撑技术。

两纵指的是车载平台、基础设施。

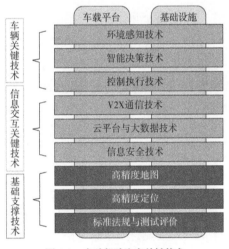

图1-9 自动驾驶汽车关键技术

(四)自动驾驶汽车的分级

美国国家公路交通安全管理局(National Highway Traffic Safety Administration,NHTSA)和美国汽车工程师学会(Society of Automotive Engineers,SAE)自动驾驶分级标准见表1-1。

美国国家公路交通安全管理局(NHTSA)
和美国汽车工程师学会(SAE)自动驾驶分级标准　　　　表1-1

NHTSA标准	0	1	2	3	4	
SAE标准	L0	L1	L2	L3	L4	L5
SAE称呼	无自动化	辅助驾驶	部分模块自动化	特定条件下自动化	高度自动化	完全自动化

续上表

SAE 定义	由人类驾驶者全权驾驶汽车	通过驾驶环境对转向盘和加减速中的一项操作提供支持。其他的驾驶动作由人类驾驶者操作	通过驾驶环境对转向盘和加减速中的多项操作提供支持。其他的驾驶动作由人类驾驶者操作	由无人驾驶系统完成所有的驾驶操作，根据系统请求，人类驾驶者提供适当的应答	由无人驾驶系统完成所有的驾驶操作，根据系统请求，人类驾驶者不一定提供所有的应答，限定道路和环境条件	由无人驾驶系统完成所有的驾驶操作，人类驾驶者在可能情况下接管，不限定道路和环境条件
驾驶操作	人类驾驶者	人类驾驶者/系统	系统			
周边监控	人类驾驶者			系统		

（五）自动驾驶汽车、无人驾驶汽车、智能网联汽车的区别与联系

1. 自动驾驶汽车

自动驾驶汽车是一个大类，包括从无自动化到完全自动化的 6 个自动驾驶等级，其中完全自动化的自动驾驶汽车就是我们常说的"无人驾驶汽车"。从目前市场上的自动驾驶汽车来看，决定驾驶行为的还是人，比如奥迪、沃尔沃、奔驰等企业开发的都是具有自动驾驶功能的汽车，（图 1-10），想自己开就自己开，想自动驾驶一会儿就自动驾驶，但都不能完全脱离人来执行，需要驾驶人对驾驶情况保持一定的关注度。

2. 无人驾驶汽车

无人驾驶是自动驾驶发展的终极目标，也是自动驾驶的最高等级。也就是说将开车这活儿完全交给机器，不再需要人来操心，也叫自主驾驶。比如谷歌的无人驾驶汽车（图 1-11），没有转向盘，没有加速踏板，也没有制动踏板，就一个启动和停止按钮，人上了车、设定目的地，车怎么走、开多快，全听车的。

图 1-10 自动驾驶汽车

图 1-11 谷歌无人驾驶汽车

3. 智能网联汽车

智能网联汽车是指搭载了车联网技术的车辆，通过互联网将车、路、人、家和生活相关联,为生活提供更多便利和享受。智能网联包括上网、听音乐、地图导航、车管家、手机远程控制等功能,甚至还可以打游戏,这些功能让汽车能更多地参与人们的生活。

4. 区别与联系

无人驾驶汽车属于自动驾驶汽车,是自动驾驶汽车发展的终极目标,而智能网联汽车又和自动驾驶汽车关系紧密。虽然不是所有的智能网联汽车都会发展成为自动驾驶汽车,但自动驾驶汽车一定要有智能网联功能,需要有智能和互联技术,将传感器收集的路况等信息进行大数据分析,结合高精地图给出最佳行驶路线规划,通过智能辅助驾驶功能实现自动驾驶。对于自动驾驶汽车来说,智能网联就是脑神经。总的来说,智能网联汽车是智能汽车的新技术阶段,自动驾驶汽车是智能汽车的发展阶段,无人驾驶汽车是智能汽车的最高阶段,三者之间的关系如图1-12所示。

图1-12 自动驾驶汽车、无人驾驶汽车、智能网联汽车的关系

二、自动驾驶汽车传感器认知

(一)自动驾驶汽车传感器类型

自动驾驶汽车通过高级驾驶辅助系统(Advanced Driving Assistance System,ADAS)在行驶过程中感应周围环境、收集数据,进行系统地运算与分析,从而有效增加汽车驾驶的舒适性和安全性。因此,感知环境是实现自动驾驶的基础。环境感知传感器主要有超声波雷达、激光雷达、毫米波雷达、摄像头等。车载传感器分类见表1-2。

车载传感器分类　　　　　　　　　表1-2

传感器类型	优点	缺点	成本	国内应用情况	主要供应商
超声波雷达	数据处理简单迅速;成本低	监测距离较短,传播衰减能量较大,难以得到准确的距离信息	100元以下	盲点监测,中高配车型配置;未来有望全系标配	壁垒不高,工艺简单,供应商众多
激光雷达	测量精度高;不依赖环境光线;0~200m测量范围	对恶劣天气如雨、雾、雪类似于人眼效果,采集图像易失真;成本极高	3000~50万元	互联网企业无人驾驶路试;日立、丰田路试	Quannergy、Velodyne、IBEO
毫米波雷达	抗环境变化能力强,对烟、尘、雨、雾具备良好穿透能力;0~200m测量范围,可以测距和测速	视野角度较小,侧向精度相对较低,分辨率不高,无法辨别形状	800~1000元不等	主要分24GHz和77GHz;24GHz雷达主要运用在LCA/BSD,77GHz雷达主要运用在FCW/AEB/ACC等	大陆、博世、海拉、采埃孚、电装等

续上表

传感器类型	优点	缺点	成本	国内应用情况	主要供应商
车载摄像头	可获取场景三维信息、形状信息；成本低	光照、阴影影响很大	单目摄像头200~300元	重点在于视觉处理算法，国内算法研究有一定成果	松下、索尼、麦格纳、法雷奥
夜视系统	环境适应好，不受光线、风、沙、雨、雪、雾的影响；功耗低，测距远	对场景亮度变化不敏感；成本较高	5000~2万元	只在高端车型上有配置，未来有望向中低端渗透	奥托立夫（占60%）、博世、保千里

不同自动化程度汽车使用的环境感知传感器如图1-13所示。

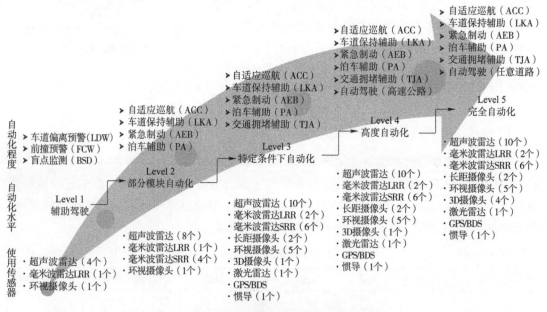

图1-13 不同自动化程度汽车使用的环境感知传感器

ADAS四阶段分类及特征见表1-3。

ADAS四阶段分类及特征　　　　　　表1-3

ADAS阶段	特征	传感器配置
第一阶段（特定功能辅助驾驶）	车辆自动接管一个或以上特定控制，如ESC功能中的辅助制动等	摄像头0~1个 毫米波雷达0个
第二阶段（组合功能辅助驾驶）	包含两种以上控制功能，控制功能工作以解放驾驶者，如自适应巡航与车道保持的组合，前者控制加速和制动，后者控制转向	前后置摄像头1~2个 毫米波雷达1个
第三阶段（高度自动驾驶）	能够在特定环境或交通工况下，比如高速公路，较大程度依赖汽车自身判断外界环境，将多个控制功能集成在一起，驾驶者可以较长时间不参与控制	长短距毫米波雷达3~6个 前后及全景摄像头2~4个 激光雷达1~4个

续上表

ADAS 阶段	特征	传感器配置
第四阶段 （完全自动驾驶）	只需提供目的地或导航信息,汽车能够凭借自身的感知、分析和执行来完成所有驾驶任务,完全释放驾驶者的手脚	长短距毫米波雷达3~8个 前后及全景摄像头2~5个 激光雷达布置车身周围1~6个

（二）自动驾驶汽车传感器性能

环境感知传感器性能对比见表1-4。

环境感知传感器性能对比　　　　　　　　表1-4

应用的技术	超声波雷达	激光雷达	毫米波雷达	摄像头
远距离探测能力	弱	强	强	强
夜间工作能力	强	强	强	弱
全天候工作能力	弱	弱	强	弱
受气候影响	小	大	小	大
恶劣环境工作能力	一般	弱	强	弱
温度稳定度	弱	强	强	强
车速测量能力	一般	弱	强	一般
目标识别能力	弱	一般	弱	强
避免虚报警能力	弱	一般	强	一般
硬件低成本可能性	高	低	一般	一般

拓展阅读

近年来,随着电子技术、计算机技术和信息技术的应用,汽车电子控制技术得到了迅速的发展,尤其是在控制精度、控制范围、智能化和网络化等多方面有了较大突破。汽车电子控制技术已成为衡量现代汽车发展水平的重要标志,自动驾驶汽车正在向智能化、共享化、网联化、电动化的新四化方向发展。

自动驾驶汽车是汽车产业与人工智能、高性能计算、大数据、物联网等新一代信息技术以及交通出行、城市管理等多领域深度融合的产物,对降低交通拥堵、事故率,帮助城市构建安全、高效的未来出行结构,以及对汽车产业变革、城市交通规划具有深远的影响。

全球多数国家已将自动驾驶汽车发展纳入国家顶层规划,争抢未来汽车产业发展的战略制高点,强化国家竞争实力,以求在汽车产业转型升级之际抢占先机。美国、德国、瑞典、日本等国家相继发布自动驾驶汽车相关的法规政策,各大车企也开始将目光投向自动驾驶市场,5G技术的应用与推广,也在推动着自动驾驶技术的进步。

技能实训

(一)环境感知传感器认知

1. 准备工作

1)任务要求

(1)掌握环境感知传感器分类。

(2)阐述不同类型环境感知传感器的区别与联系。

2)组织方式

(1)在教师的引导下分组,以小组为单位学习相关知识;每组人数不少于3人,分别负责主操作、辅助记录、安全监督。

(2)依据操作规范实车认知线控系统,小组内互相讲述环境感知传感器的类型、功能与组成。

3)实施准备

(1)安全要求及注意事项。

学员进入实训区务必穿戴劳动防护用品,严格遵守实训区5S作业规程。

严禁非专业人员或无实训教师在场的情况下私自对汽车高压电部件进行移除或安装。

(2)场地设施。

满足理论及实践教学的工学一体化教学教室和实训场地。

(3)工具设备或耗材。

工具设备或耗材见表1-5。

工具设备或耗材　　　　　　表1-5

名称及数量	实物图片
自动驾驶小车4辆	
工具小车4辆	

续上表

名称及数量	实物图片
高级电工维修工具套装4套	

2. 实施步骤

1) 补充汽车自动驾驶的流程(图1-14)

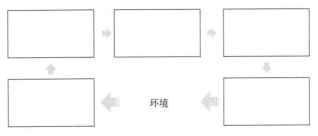

图1-14 汽车自动驾驶流程

2) 填写表1-6中传感器的类型

车载传感器分类　　　　　　　　　　　　　　　表1-6

传感器类型	优点	缺点	成本	国内应用情况	主要供应商
	数据处理简单迅速;成本低	监测距离较短,传播衰减能量较大,难以得到准确的距离信息	100元以下	盲点监测,中高配车型配置;未来有望全系标配	壁垒不高,工艺简单,供应商众多
	测量精度高;不依赖环境光线;0~200m测量范围	对恶劣天气如雨、雾、雪类似于人眼效果;采集图像易失真;成本极高	3000~50万元	互联网企业无人驾驶路试;日立、丰田路试	Quannergy、Velodyne、IBEO
	抗环境变化能力强,对烟、尘、雨、雾具备良好穿透能力;0~200m测量范围,可以测距和测速	视野角度较小,侧向精度相对较低,分辨率不高,无法辨别形状	800~1000元不等	主要分24GHz和77GHz;24GHz雷达主要运用在LCA/BSD,77GHz雷达主要运用在FCW/AEB/ACC等	大陆、博世、海拉、采埃孚、电装等

续上表

传感器类型	优点	缺点	成本	国内应用情况	主要供应商
	可获取场景三维信息、形状信息；成本低	光照、阴影影响很大	单目摄像头200~300元	重点在于视觉处理算法，国内算法研究有一定成果	松下、索尼、麦格纳、法雷奥
	环境适应好，不受光线、风、沙、雨、雪、雾的影响；功耗低，测距远	对场景亮度变化不敏感；成本较高	5000~2万元	只在高端车型上有配置，未来有望向中低端渗透	奥托立夫（占60%）、博世、保千里

3) 填写表1-7中ADAS各阶段特征

ADAS 四阶段分类及特征　　　　　　　　　　表1-7

ADAS 阶段	特征	传感器配置
第一阶段 （特定功能辅助驾驶）		摄像头0~1个 毫米波雷达0个
第二阶段 （组合功能辅助驾驶）		前后置摄像头1~2个 毫米波雷达1个
第三阶段 （高度自动驾驶）		长短距毫米波雷达3~6个 前后及全景摄像头2~4个 激光雷达1~4个
第四阶段 （完全自动驾驶）		长短距毫米波雷达3~8个 前后及全景摄像头2~5个 激光雷达布置车身周围1~6个

（二）评价与反馈

1. 自我评价与反馈(100分)

(1)是否遵守课堂纪律、是否认真听讲，占20%，成绩为_____。

(2)团队合作意识、尊重团队成员（包括老师和其他同学），占30%，成绩为_____。

(3)学习任务(工作任务)完成情况，占40%，成绩为_____。

(4)5S现场管理及环保意识、成本控制意识，占10%，成绩为_____。

自我评价与反馈的成绩为_____。

2. 小组评价与反馈(100分)

(1)是否遵守课堂纪律、是否认真听讲，占20%，成绩为_____。

(2)团队合作意识、尊重团队成员（包括老师和其他同学），占30%，成绩为_____。

(3)学习任务(工作任务)完成情况，占40%，成绩为_____。

(4)5S现场管理及环保意识、成本控制意识，占10%，成绩为_____。

小组评价与反馈的成绩为_____。

3. 教师评价与反馈(100 分)

(1)是否遵守课堂纪律、是否认真听讲,占 20%,成绩为_____。

(2)团队合作意识、尊重团队成员(包括老师和其他同学),占 30%,成绩为_____。

(3)学习任务(工作任务)完成情况,占 40%,成绩为_____。

(4)5S 现场管理及环保意识、成本控制意识,占 10%,成绩为_____。

教师评价与反馈的成绩为_____。

4. 综合评价

综合成绩 = 自我评价反馈成绩×30% + 小组评价与反馈成绩×40% + 教师评价及反馈成绩×30%

综上,综合评价的最终成绩为_____。

思考与练习

一、判断题

1. 电控点火系统最基本的功能是点火提前角的控制。( )

2. 进气控制系统根据发动机转速和负荷的变化,对发动机的进气进行控制,以便提高发动机的进气效率,从而改善发动机的动力性。( )

3. 在装有废气涡轮增压装置的汽车上 ECU 是根据检测到的进气管压力,对增压装置进行控制,从而控制增压装置对进气的增压强度。( )

4. 通过各种传感器采集周围环境基本信息,是自动驾驶的基础。( )

5. 国内发布的 L2 级自动驾驶车基本已实现自动制动(AEB)、自适应巡航(ACC)、智能领航(ICC)、自动泊车辅助(APA)、车道保持/偏离辅助控制等功能。( )

二、选择题

1. 在电控燃油喷射系统中,喷油量的控制是最基本的也是最重要的控制内容,ECU 是根据( )确定基本的喷油量,再根据其他的传感器信号对喷油量进行修正。

A. 进气量　　　　B. 燃油量　　　　C. 冷却液温度　　　　D. 节气门位置

2. 自动驾驶汽车是一个大类,包括从无自动化到完全自动化的( )个自动驾驶等级。

A. 5　　　　B. 6　　　　C. 7　　　　D. 8

转速与相位传感器技术

学习目标

▶ 知识目标

1. 知道转速与相位传感器的结构和工作原理;
2. 知道加速度与相位传感器的结构和工作原理;
3. 知道光电式速度与相位传感器的结构和工作原理。

▶ 技能目标

1. 能对转速与相位传感器进行检测;
2. 能对加速度与相位传感器进行检测;
3. 能对光电式转速与相位传感器进行检测。

▶ 素养目标

1. 学会自主式学习;
2. 具备团队合作能力;
3. 能积极主动参与任务,能与小组成员团结协作,能执行实训室 5S 规定。

建议课时

16 课时

一 车轮转速与相位传感器

(一)电磁式转速与相位传感器

1. 电磁式转速与相位传感器的结构

电磁式转速与相位传感器是利用电磁感应来测量物体转速的,属于非接触式转速测量仪表。电磁式转速传感器有很好的抗干扰性能,可用于表面有缝隙的物体转速测量。车轮转速与相位传感器安装位置如图 2-1 所示。

电磁式转速与相位传感器由壳体、铁芯、感应线圈、极轴等组成,如图 2-2 所示。

2. 电磁式转速与相位传感器的工作原理

电磁式转速与相位传感器是以电磁感应为基本原理来实现转速测量的。测量物体转动时,转速与相位传感器的线圈会产生磁力线,齿轮转动会切割磁力线,磁路由于磁阻变化在感应线圈内产生电动势。

图2-1 车轮转速与相位传感器安装位置

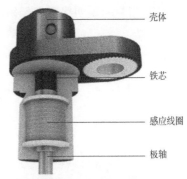

图2-2 电磁式传感器结构

电磁式转速与相位传感器的感应电动势(电压)大小与被测物体转速有关,被测物体的转速越高,输出的电压也就越大,也就是说输出电压和转速成正比。但是,在被测物体的转速超过电磁式转速传感器的测量范围时,磁路损耗会过大,使得输出电动势甚至锐减。

如图2-3所示,在传感器右侧的信号轮有58个凸齿、57个小缺齿和1个大缺齿。大缺齿所占弧度等于2个凸齿与3个缺齿弧度之和。车轮每转动一圈,信号轮就能够在传感器的线圈上产生58个信号电压。根据单位时间内波形可以计算出车轮的转速。

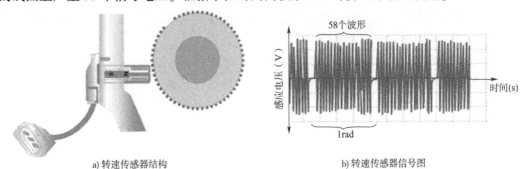

a) 转速传感器结构　　　　　　　b) 转速传感器信号图

图2-3 车轮转速传感器的工作原理

电磁式转速与相位传感器故障主要有感应线圈短路、断路、转子和磁头之间间隙不当,磁场强度不足,造成信号减弱或者无信号。

3. 电磁式转速与相位传感器的检修

电磁式转速与相位传感器原理图如图2-4所示。

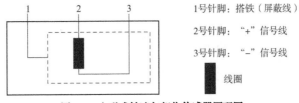

图2-4 电磁式转速与相位传感器原理图

1)用万用表检测

(1)检测针脚1与针脚2、3之间阻值。阻值无限大,说明正常。如果导通,则说明该传感器短路。

(2) 检测针脚 2 与针脚 3 阻值。阻值等于规定的线圈值,说明正常。如果阻值与规定值不相等而且阻值很小,说明线圈已经短路;如果阻值无限大,则说明内部线圈已经断路。

2) 波形分析

电磁式转速与相位传感器故障波形图如图 2-5 所示。

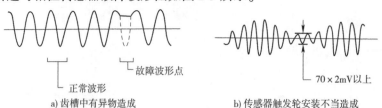

图 2-5　故障波形图

(1) 图 2-5a) 所示故障波形为齿槽中填有异物造成的;

(2) 图 2-5b) 所示故障波形是传感器触发轮安装不当造成的。

如果检测出波形异常,应该更换传感器体或传感器触发轮。

4. 电磁式转速与相位传感器的缺点

电磁式转速与相位传感器不需要工作电源就能自主工作,结构简单,成本低,但存在以下缺点。

(1) 低速特性不好。输出信号电压的幅值随转速变化而变化,如果转速过低,其输出信号电压也过低,电控单元无法检测。

(2) 响应频率有限制,工作带宽在 10～1000Hz 之间,如果转速过高和过低就不能检测。

(3) 抗电磁波干扰能力差。虽然研发了磁阻式转速传感器,可以检测极低的转速,但是电磁式转速传感器总体性能仍然有局限性,所以,霍尔式转速传感器正在逐步替代电磁式转速传感器。

(二) 霍尔式转速与相位传感器

1. 霍尔式转速与相位传感器的结构

霍尔器件是一种磁传感器,可以用来检测磁场及其变化,并可在各种与磁场有关的场合中使用。霍尔器件以霍尔效应为其工作基础。霍尔式转速与相位传感器的结构如图 2-6 所示。

2. 霍尔式转速与相位传感器工作原理

如图 2-7 所示,在长方形的导体上通以电流 I,沿电流方向施加磁场 B,就会在与电流和磁场两者垂直的方向上产生电势差,这种现象称为霍尔效应,所产生的电势差称为霍尔电压 U_H。

霍尔器件具有许多优点,其结构牢固,体积小,质量轻,寿命长,安装方便,功耗小,频率高(可达 1MHz),耐振动,不怕灰尘、油污、水汽及盐雾等的

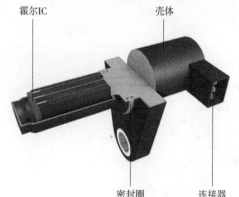

图 2-6　霍尔式转速与相位传感器结构

污染或腐蚀。霍尔式转速传感器安装位置如图2-8所示。

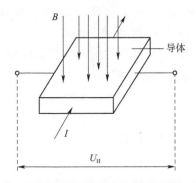
图2-7 霍尔式转速与相位传感器工作原理图

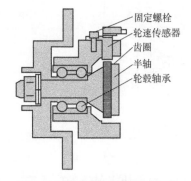
图2-8 霍尔式转速传感器安装位置

霍尔线性器件的精度高、线性度好;霍尔开关器件无触点、无磨损、输出波形清晰、无抖动、无回跳、位置重复精度高(可μm级)。取用了各种补偿和保护措施的霍尔器件的工作温度范围宽,为 $-55 \sim 150$℃。

3. 霍尔式转速与相位传感器的检测

1)单件检测

(1)测量转速传感器连线对地电阻应该无限大。

(2)测量传感器与ECU之间的连线电阻应该小于0.5Ω。

2)在路检测

(1)将跨接线盒连接到线束连接器上。

(2)测量ABS、ECU对传感器的供电电压为12V。

(3)用手转动车轮应该有方波电压输出,频率随转速增大而增大。

二 加速度与相位传感器

交通工具在加速时使乘客产生不适感,这种不适感不仅来自加速度,也与加加速度有关。在这种情况中,加速度反映人体器官在加速运动时所感受到的力(见牛顿第二定律),加加速度则反应该作用力的变化快慢。较大的加加速度将会使人体产生相当的不适感,例如在电梯升降,汽车、火车等加速和转弯的过程中(在这些情况中,加速度和加加速度的效应一般会同时存在)。人体需要时间适应加速度的变化,假若加加速度超过安全标准,则可能会发生像车祸造成的颈部扭伤一类的伤害,因而,在设计交通工具时加加速度是必须考虑的因素。

加速度与相位传感器的种类繁多,依据对传感器内检测质量所产生惯性力的检测方式来分,加速度与相位传感器可分为压电式、电容式、应变式、压阻式、振梁式、磁电感应式、隧道电流式、热电式等;按检测质量的支承方式来分,加速度与相位传感器则可分为悬臂梁式、摆式、折叠梁式、简支承梁式等。

(一)压电式加速度传感器

1. 压电式加速度传感器的结构

压电式加速度传感器采用剪切和中心压缩结构形式。

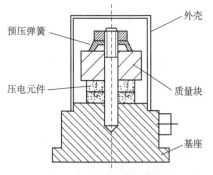

图 2-9 压电式加速度传感器的结构

常用的压电式加速度传感器是由预压弹簧、质量块、基座、压电元件和外壳组成,如图 2-9 所示。其为环形剪切型,结构简单,环形质量块粘到装在中心支柱上的环形压电元件上。由于黏结剂会随温度增高而变软,因此,最高工作温度受到限制。

2. 压电式加速度传感器的工作原理

压电式加速度传感器又称压电式加速度计,也属于惯性式传感器。它是利用某些物质如石英晶体的压电效应,在加速度传感器受振时,质量块加在压电元件上的力也随之变化,即压电晶体的电荷输出与所受的力成正比,而所受的力在敏感质量一定的情况下与加速度值成正比。当被测振动频率远低于加速度传感器的固有频率时,压电晶体受力后产生的电荷量与所感受到的加速度值成正比。

经过简化后的方程为:

$$Q = d_{ij} \cdot F = d_{ij} \cdot m \cdot a \tag{2-1}$$

式中:Q——压电晶体输出的电荷;

d_{ij}——压电晶体的二阶压电张量;

m——传感器的敏感质量;

a——所受的振动加速度值。

(二)电容式加速度传感器

1. 电容式加速度传感器的结构

电容式加速度传感器是基于电容原理的极距变化型的电容传感器,其中一个电极是固定的,另一变化电极是弹性膜片,外形如图 2-10 所示。

2. 电容式加速度传感器的工作原理

弹性膜片在外力(气压、液压等)作用下发生位移,使电容量发生变化。这种传感器可以测量气流(或液流)的振动速度(或加速度),还可以进一步测出压力。

电容式加速度传感器精度较高,频率响应范围宽,量程大,可以测很高的加速度,以通过弹簧片支承的质量块作为差动电容器的活动极板。电容式加速度传感器式加速度传感器的特点是频率响应范围宽,测量范围大。

图 2-10 电容式加速度传感器外形

(三)压阻式加速度传感器

压阻式加速度传感器也称为惯性压阻式加速度传感器、应变计式加速度传感器,由惯性压阻元件组成的电桥、恒压电路、抗干扰及温度补偿电路等组成。紧急制动时,传感器上的质量块随减速度的大小产生相应的惯性力,施加在压阻元件上,从而改变电桥的电阻,打破了电桥电路的平衡,使传感器输出的电压信号发生变化,即输出一个随减速度变化的电压差。

现以三菱汽车 V31、V33 车型使用的压阻式减速度传感器为例,介绍其结构和检测方法。

1. 压阻式加速度传感器的结构

三菱汽车的减速度传感器由塑料外壳、配重块及包含放大电路、降噪电路和其他元件的复合集成电路组成,如图 2-11 所示。壳内装有硅油,以确保最佳动态性能。

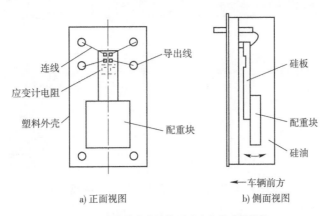

图 2-11　应变计式半导体型减速度传感器结构

2. 压阻式加速度传感器的工作原理

配重块悬挂在硅板的一端,硅板上贴有应变片。当车辆加速或减速时,惯性力作用在配重块上,配重块的运动使硅板上的应变片向其中一方拉长或压缩,引起应变片电阻发生变化,通过桥式电路,将电阻的变化转化为电压的变化,代表纵向的加速度或减速度的大小。应变计电阻阻值的变化会传递给 ECU,加速度与信号输出电压成正比。压阻式减速度传感器内部电路和输出特性如图 2-12 所示。

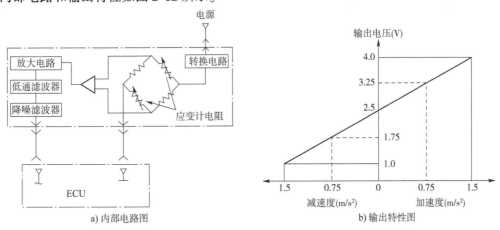

图 2-12　压阻式减速度传感器内部电路图和输出特性图

3. 压阻式减速度传感器(G 传感器)的检测

三菱 V31、V33 车用 G 传感器的电路连接图如图 2-13 所示。

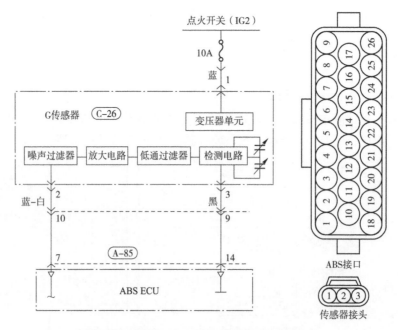

图 2-13　三菱 V31、V33 车用 G 传感器的电路连接图

1）供电电压的检查

关闭点火开关,断开 G 传感器与 ABS、ECU 的插头,打开点火开关,用电压测量 G 传感器线束侧 1 脚与蓄电池负极间的电压,应为蓄电池电压。

2）搭铁检查

关闭点火开关,断开 G 传感器与 ABS、ECU 的插头,打开点火开关,用电阻挡测量 G 传感器线束侧 3 脚与蓄电池负极间的电阻,应小于 1.5Ω。

3）输出信号检查

关闭点火开关,断开 G 传感器连接器,连接专用工具 MB991348（即专用三通插头）测试线束组,在断开的连接器端子间测量,如图 2-14 所示。

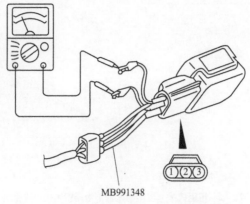

图 2-14　压阻式减速度传感器(G 传感器)测量方法

将点火开关转到"ON"的位置,读取端子 2 与端子 3 之间的电压,标准值为 2.4~2.6V。

在连接专用工具 MB991348 情况下,读取端子 2 与端子 3 之间的输出电压,标准值为 3.4~3.6V。

如果测得电压值偏离标准值,确认电源供给线和搭铁线无问题后,更换 G 传感器。

4)解码器检测

使用三菱专用解码器 MUT-Ⅱ,进入 ABS 系统,读出数据流。连接诊断接头读取数据流如图 2-15 所示。MUT-Ⅱ有关 G 传感器数据流见表 2-1。

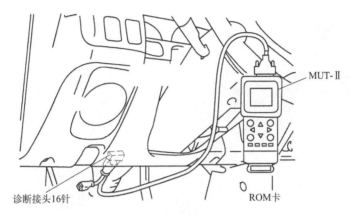

图 2-15　连接诊断接头读取数据流

MUT-Ⅱ有关 G 传感器数据流　　　　　　表 2-1

项目号	检查项目	检查要求	正常值
32	G 传感器输出电压	当车辆于静止状态(水平)	2.4~2.6V
		当车辆于行驶状态	显示值以 2.5V 为均值波动

如果 G 传感器有故障,查找故障码时会出现代码 32——G 传感器故障。

三　光电式转速与相位传感器

相位传感器是感应气门位置信息然后提供给 ECU 的传感器。相位传感器起检测相位作用,如果相位不准确会报警且在仪表上发动机故障灯亮。相位传感器是检测发动机配气相位的传感器,通过对凸轮轴位置转角的检测来实现。相位传感器的探头内有检测线圈,可以感知靠近的金属,当附近没有金属的时候,输出电压最大。

(一)光电式转速与相位传感器

1. 光电式转速与相位传感器的结构和工作原理

光电式转速与相位传感器如图 2-16 所示。光电式转速与相位传感器的基础是光电转换元件的光电效应,将光信号转换成电信号输出。光电式转速与相位传感器能测量光照强度,还能利用光线的透射、遮挡、反射、干涉,进行尺寸、位移、速度、温度等多种物理量的检测。光电式转速与相位传感器不与被测对象直接接触,精度高、反应快、可测参数多,但是价格较贵并且对测量的环境条件要求较高。

2. 光电效应

光电效应是光照在某些物质上,使该物质的导电特性发生变化的一种物理现象,可分为外光电效应和内光电效应两类。

1) 外光电效应

外光电效应是在光线作用下物体内的电子逸出物体表面向外发射的现象,又称光电导效应,如图2-17所示。

图2-16 光电式转速与相位传感器

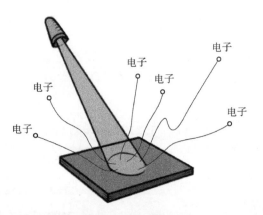

图2-17 外光电效应

光子是以量子化"粒子"的形式对可见光波段内电磁波的描述,每个光子具有能量:$E_k = h\nu$(h是普朗克常量,为6.626×10^{-34},ν表示入射光的频率)。当光子能量等于或大于逸出功时才能产生外光电效应,因此,每一种物体都有一个对应于光电效应的光频阈值,这一阈值称为红限频率。对于红限频率以上的入射光,外生光电流与光强成正比。基于外光效应,可以制作光电倍增管,只要受到微弱的光照就能产生很大的电流。

2) 内光电效应

内光电效应是在光线作用下物体的导电性能发生变化或产生光生电动势的效应,前者又称为光电导效应,后者又称为光生伏特效应,如图2-18所示。

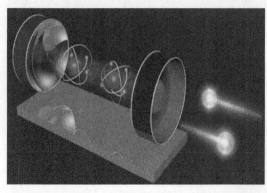

a) 光电导效应

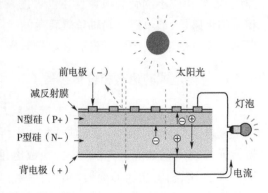

b) 光生伏特效应

图2-18 内光电效应

3) 光敏电阻和光敏管

（1）光敏电阻。光敏电阻是采用硫化镉制成的半导体材料,利用光电导效应工作的光电元件。在黑暗环境中,光敏电阻的阻值很大。当受到光照时,只要光子能量大于半导体材料禁带宽度,则价带中的电子吸收一个光子的能量后可跃迁到导带,并在价带中产生一个带正电荷的空穴,使其电阻率变小,通常在几千欧姆。光敏电阻的结构如图 2-19 所示。

（2）光敏管。光敏管是利用光生伏特效应工作的光电元件,包括光敏二极管和光敏晶体管。光敏二极管装在透明玻璃外壳中,PN 结装在管的顶部,可以直接受到光照射。光敏二极管在电路中一般是处于反向工作状态。在没有光照射时,反向电阻很大,反向电流很小。光敏二极管在不受光照时处于截止状态,受光照射时处于导通状态。

图 2-19　光敏电阻结构

3. 光电式转速与相位传感器的检测

光电传感器有很多种检测模式——对射式、反射板式、聚焦式、定区域式、可调区域式、直反式、宽光束式、偏振反射板式。有的时候我们会将定区域式、可调区域式、聚焦式、直反式、宽光束式归为光电接近检测模式,这一模式通常比较容易与电容式混淆,需要特别注意。比较常见的检测模式有以下几种。

1）对射式

对射式光电检测模式如图 2-20 所示。这种检测模式是最早使用的一种光电检测模式,在这种检测模式中,接收器和发射器是相互对向安装的,关键是发射器要对准接收器,一旦有被测物经过发射器和接收器之间挡住了检测光束,传感器就会输出这一变化,即表示检测到了被检测物。

2）反射板式

反射板式检测模式如图 2-21 所示。在这种检测模式中,一个传感器会兼具接收器和发射器的功能。发射器发出的光束在接触到反射板的瞬间又反射到接收器上,在此过程中,如果有被检测物阻挡了光束,传感器即会记录这一变化,表明检测到了被检测物。

图 2-20　对射式光电检测模式

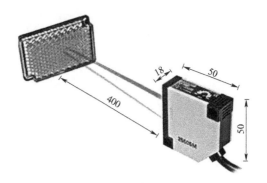

图 2-21　反射板式光电检测模式（单位:cm）

3)聚焦式

聚焦式光电检测模式是一种可以检测小物体的光电检测模式。给聚焦式传感器的发射器加装一个镜头,使发射光聚焦在镜头前面的某一点,同时接收器镜头的焦点也在这一点。这样就在固定距离处形成了一个小的检测区域。聚焦式传感器对反射光的利用率很高,它能可靠地检测一般直反式或宽光束直反式传感器所不能检测到的小物体和反光率非常低的物体。但是,聚焦式光电检测模式的局限性在于它会要求传感器与被测物的距离非常近。

4)定区域式

定区域式检测模式有非常明确的检测范围,这一特性使得它可以忽略检测范围之外的其他物体,而且它不会受到被检测物表面的反光率的影响。定区域式光电检测是通过比较落在两个接收器上的反射光的多少来判断被测物是否出现,如果落在接收器 2 上的反射光等于或多于落在接收器 1 上的反射光,则传感器检测到被测物。

(二)光电式发动机转速与相位传感器

1. 光电式发动机转速与相位传感器的结构

日产公司采用的光电式发动机转速与相位传感器由信号发生器和带缝隙(光孔)的信号盘组成,如图 2-22 所示。信号盘由凸轮轴驱动,它的外围均布有 360 条缝隙,这些缝隙即是光孔每条缝隙产生 1°信号。对于六缸发动机,在信号盘外围稍靠内的圆上,每间隔 60°有 1 个光孔,各产生 120°曲轴转角信号(曲轴转 1 圈,凸轮轴转 2 圈),其中有一个较宽的光孔产生第 1 缸上止点对应的 120°信号。

信号发生器由两只发光二极管、两只光电二极管和电子电路组成。两只发光二极管分别正对着两只光电二极管,信号盘在发光二极管和光电二极管之间。

图 2-22 光电式发动机转速与相位传感器

2. 光电式发动机转速与相位传感器的工作原理

发动机曲轴运转时,带动凸轮轴和信号盘转动,因为信号盘上有孔,所以产生透光和遮光的交替变化,使信号发生器输出表征曲轴位置和曲轴转角的脉冲信号。

当发光二极管的光束照射到光电二极管上时,光电二极管产生电压;当发光二极管的光束被遮挡时,光电二极管产生的电压为零。将光电二极管产生的脉冲电压输入电子电路,经放大整形后向 ECU 输入曲轴转角的 1°信号和 120°信号。由于信号发生器安装位置的关系,20°信号会在活塞上止点前 70°输出。发动机曲轴转 2 圈、凸轮轴转 1 圈,1°信号发生器输出 360 个脉冲,每个脉冲周期高电位对应 1°,低电位也对应 1°,共表征曲轴转角 720°。与此同时,120°信号发生器在各缸压缩行程上止点前 70°产生一个脉冲,6 个缸共产生 6 个脉冲信号。光电式信号发生器的工作原理如图 2-23 所示。

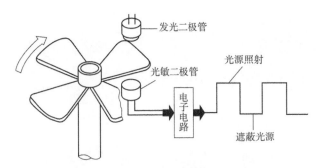

图 2-23 光电式发动机转速传感器工作原理

(三)光电式转角传感器

1. 光电式转角传感器的结构

光电式转角传感器安装在转向轴管上,用于检测转向盘的中间位置、转动方向、转动角度和转动速度。光电式转角传感器由转角传感器、传感器圆盘、遮光器、窄缝和转向轴组成,转向轴中间装有带窄缝的圆盘。传感器的遮光器以 2 个为一组,圆盘上等距离均匀排列着窄缝。

丰田电控悬架系统(TEMS)的光电式转角传感器安装位置和结构如图 2-24 所示。

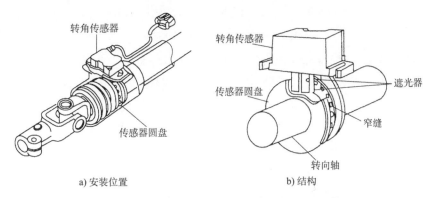

a) 安装位置   b) 结构

图 2-24 丰田电控悬架系统(TEMS)的光电式转角传感器

2. 光电式转角传感器的工作原理

传感器圆盘、窄缝随着转向轴转动时,2 个遮光器的输出端即可进行开、关变换。光电晶体管在遮光器的作用下导通或者截止,根据晶体管的导通、截止速度,可以检测出转向器的速度。两个光电晶体管(晶体管 VT1 和 VT2)之间导通与截止,相位差 90°,根据先导通的脉冲信号(波形下降)可以检测出转向器的旋转方向。光电式转角传感器的工作原理如图 2-25 所示。

光电式转角传感器信号如图 2-26 所示。当汽车直线行驶时,输出信号 A 处于关状态(高电位)的中间位置。转向时,根据输出信号 A 下降沿处对应的输出信号 B 的状态,即可判断出转向的方向:输出信号 A 由关状态变为开状态(低电位)时,如果输出信号 B 为关状态,则为右转向。

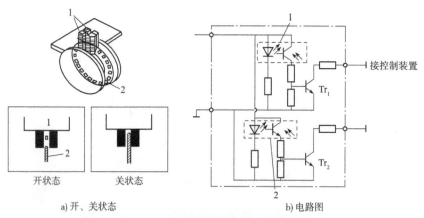

图 2-25　光电式转角传感器的工作原理
1-光电元件；2-遮光器

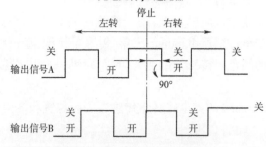

图 2-26　光电式转角传感器信号图

3. 光电式转角传感器的检测（以大众迈腾 B8L 汽车转向角传感器 G85 为例）

大众迈腾 B8L 汽车转向角传感器 G85 安装在转向柱开关和转向盘之间的转向柱上。滑环式复位环（安全气囊用）和 G85 构成一个整体，并装在传感器的下方。G85 将转向盘转动的角度数据传递给 ABS/EDS/ESP/ASR 等系统共用。G85 可测量 ±720° 的转角范围，即转向盘转 4 圈。G85 和转向柱电控单元如图 2-27 所示。

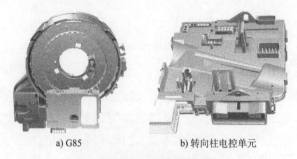

图 2-27　G85 和转向柱电控单元

如果更换了转角传感器 G85、转向器总成（含转向辅助控制单元 J500）、转向柱开关总成（含控制单元 J527），或做过一次车轮定位的调整，或出现故障码"00778"或"02546"，都必须进行转角传感器 G85 的标定。

1) 零位置的标定程序

(1) 使前轮保持直线行驶状态，通过 VAS505X 输入地址码 44。

(2)将转向盘向左转动4°~5°,然后回正。

(3)将转向盘向右转动4°~5°,然后回正。

(4)双手离开转向盘。

(5)通过VAS5051输入功能码11,输入编码31857按下返回键,输入04-60,按下激活键,退出VAS505X,关闭点火开关,6s后即可。

(6)在转向零位设定时,发动机不能运转,在转向盘左右转动后再回正时,双手必须松开转向盘,使转向盘静止不动,以便让控制单元J500对零位进行确认。

2)极限位置的标定程序

(1)使前轮处于直线行驶状态,起动发动机,怠速下运转。

(2)将转向盘向左转动10°左右,停顿1~2s。

(3)将转向盘向左打到底,停顿1~2s。

(4)将转向盘向右打到底,停顿1~2s。

(5)将转向盘再回正。

(6)关闭点火开关,6s后生效。

(7)在做完零位标定和极限位置标定后,必须用VAS505X进入44-02查询转向电控系统故障存储器无故障时,标定工作才结束。

拓展阅读

位置和转速传感器主要用于检测曲轴转角、发动机转速、节气门开度、车辆速度等,一般采用霍尔式和磁阻式传感器。

车速传感器种类繁多,有敏感车轮旋转的、也有敏感动力传动轴转动的,还有敏感差速从动轴转动的。当车辆速度高于100km/h时,一般测量方法误差较大,为此而开发了非接触式光电速度传感器。

未来,汽车用传感器技术总的发展趋势是多功能化、集成化、智能化。多功能化是指一个传感器能检测2个或者2个以上的特性参数。

光纤传感器现已开发出温度、压力、位置、转速、液位、流量、振动、陀螺等上百种类型。由于光纤传感器具有灵敏度高、体积小、质量轻、可弯曲、绝缘性好、无电磁干扰、宽频带、低损耗等特点,今后将会广泛应用到汽车上。

为提高汽车安全性和舒适性,生物体测量等方面的传感器也在研究中。

技能实训

(一)车轮转速相位传感器的检测

1. 准备工作

1)任务要求

(1)掌握车轮转速相位传感器的工作原理。

(2)对车轮转速相位传感器进行检测。

2)组织方式

(1)在教师的引导下分组,以小组为单位学习相关知识;每组人数不少于3人,分别负责主操作、辅助记录、安全监督。

(2)依据操作规范实车认知传感器,小组内互相讲述车轮转速传感器的工作原理。

(3)依据规范,对传感器进行检测。

3)实施准备

(1)安全要求及注意事项。

学员进入实训区务必穿戴劳动防护用品,严格遵守实训区5S作业规程。

严禁非专业人员或无实训教师在场的情况下私自对测量部件进行移除或安装。

(2)场地设施。

满足理论及实践教学的工学一体化教学教室和实训场地。

(3)工具设备或耗材。

工具设备或耗材见表2-2。

工具设备或耗材 表2-2

名称及数量	实物图片
电动机4个	
电磁式传感器4个	
霍尔式传感器4个	
磁棒或铁棒4个	

续上表

名称及数量	实物图片
2~24V 直流电源 4 个	
频率/转速表 4 个	
示波器 4 个	
万用表 4 个	

2. 实施步骤

1) 电磁式转速与相位传感器的检测

(1) 安装电磁式传感器,将电动机电源接到 2~24V 直流电源输出(注意正负极不要接反,以防烧坏电动机),电磁式传感器的两根输出线接到频率/转速表。电磁式传感器试验台如图 2-28 所示。

记录试验数据见表 2-3,并调节 2~24V 直流电源电压调节旋钮,改变电动机的转速,在示波器上观察其输出波形并绘制在图 2-29 中。

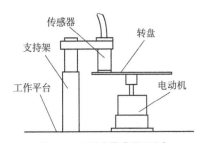

图 2-28 电磁式传感器试验台

试验数据记录表 表2-3

U(V)							
n(r/min)							

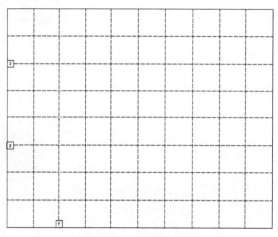

图2-29 输出波形(一)

(2)测量端子之间的电阻,用磁铁或铁棒划过传感器,测量信号电压。电磁式发动机转速传感器电路如图2-30所示。

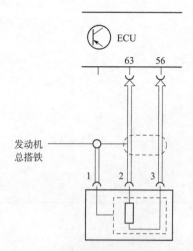

图2-30 电磁式发动机转速传感器电路

记录试验数据见表2-4。

试验数据记录表 表2-4

各端子间电阻(Ω)			
端子2-3间电压(V)			

2)霍尔式转速与相位传感器的检测

根据霍尔效应,霍尔电动势 $U_H=IBK_H$,其中 K_H 为灵敏度系数,由霍尔元件材料的物理性质决定,当通过霍尔元件的电流 I 一定,霍尔元件在一个梯度磁场中运动时,就可以进行位移测量。

(1)将霍尔式传感器按图 2-31 接线,引线接到霍尔式传感器项目插座上。开启电源,将测微头的起始位置调到"1cm"处,手动调节测微头的位置,先使霍尔元件置于磁钢中间位置,固定测微头,再次调节测微头起始位置到零。分别向左、右不同方向旋动测微头,每隔 0.2mm 记下一个读数,直到读数近似不变,将读数填表。

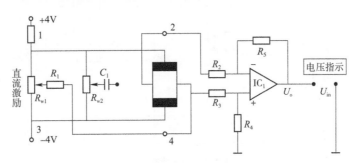

图 2-31 接线图

记录试验数据见表 2-5。

试验数据记录表　　　　　　　　　　　　　　表 2-5

x(mm)									
U(mV)									

(2)霍尔式传感器试验台如图 2-32 所示。将霍尔式传感器安装于工作平台上,使霍尔元件对正转盘上的磁钢。将 5V 电源接到三源板上霍尔元件输出的电源端,霍尔元件输出接到频率/转速表,2~24V 电源接到电动机的电源输入端。调节 2~24V 电源输出,观察电动机转速的变化。

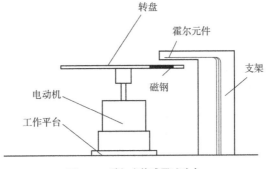

图 2-32 霍尔式传感器试验台

记录试验数据见表 2-6。在示波器上观察霍尔元件的输出脉冲波形并绘制在图 2-33 中。

试验数据记录表　　　　　　　　　　表2-6

U(V)							
n(r/min)							

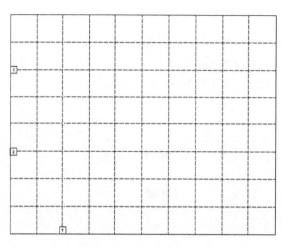

图2-33　输出波形(二)

(二)加速度与相位传感器检测

1. 准备工作

1) 任务要求

(1) 掌握加速度与相位传感器的工作原理。

(2) 对加速度与相位传感器进行检测。

2) 组织方式

(1) 在教师的引导下分组,以小组为单位学习相关知识;每组人数不少于3人,分别负责主操作、辅助记录、安全监督。

(2) 依据操作规范实车认知传感器,小组内互相讲述加速度与相位转速传感器的工作原理。

(3) 依据规范,对传感器进行检测。

3) 实施准备

(1) 安全要求及注意事项。

学员进入实训区务必穿戴劳动防护用品,严格遵守实训区5S作业规程。

严禁非专业人员或无实训教师在场的情况下私自对加速度与相位传感器部件进行移除或安装。

(2) 场地设施。

满足理论及实践教学的工学一体化教学教室和实训场地。

(3) 工具设备或耗材。

工具设备或耗材见表2-7。

工具设备或耗材　　　　　　　　　　　　　　　　　　表 2-7

名称及数量	实物图片
电动机 4 个	
压电式加速度传感器 4 个	
电容式加速度传感器 4 个	
2–24V 直流电源 4 个	
频率/转速表 4 个	
示波器 4 个	
万用表 4 个	

2. 实施步骤

1)压电式加速度与相位传感器的检测

(1)写出图2-34所示压电式加速度与相位传感器各部件的名称。

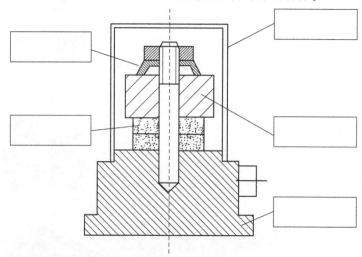

图2-34 压电式加速度与相位传感器结构

(2)对压电式加速度与相位传感器进行检测:将压电式加速度与相位传感器连接于电路中,对压电式加速度与相位传感器持续施加压力,读取测量电压并记录于表2-8中。

试验数据记录表　　　　　　　　　　　　　　　　表2-8

压力等级							
电压(V)							

2)电容式加速度与相位传感器的检测

填写图2-35中各部位名称。

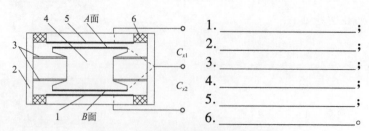

图2-35 电容式加速度与相位传感器结构

1. _____ ;
2. _____ ;
3. _____ ;
4. _____ ;
5. _____ ;
6. _____ 。

(三)光电式转速与相位传感器检修

1. 准备工作

1)任务要求

(1)掌握光电式转速与相位传感器的工作原理。

(2)对光电式转速与相位传感器进行检测。

2) 组织方式

(1) 在教师的引导下分组,以小组为单位学习相关知识;每组人数不少于 3 人,分别负责主操作、辅助记录、安全监督。

(2) 依据操作规范实车认知传感器,小组内互相讲述光电式转速与相位传感器的工作原理。

(3) 依据规范,对传感器进行检测。

3) 实施准备

(1) 安全要求及注意事项。

学员进入实训区务必穿戴劳动防护用品,严格遵守实训区 5S 作业规程。

严禁非专业人员或无实训教师在场的情况下私自对光电式转速和相位传感器部件进行移除或安装。

(2) 场地设施。

满足理论及实践教学的工学一体化教学教室和实训场地。

(3) 工具设备或耗材。

工具设备或耗材见表 2-9。

工具设备或耗材 表 2-9

名称及数量	实物图片
电动机 4 个	
光电式传感器 4 个	
2~24V 直流电源 4 个	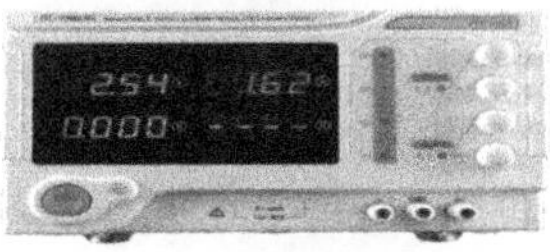
频率/转速表 4 个	

续上表

名称及数量	实物图片
示波器 4 个	
万用表 4 个	

2. 实施步骤

光电式传感器试验台如图 2-36 所示。

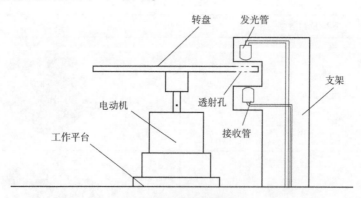

图 2-36 光电式传感器试验台

光电式转速与相位传感器安装在电动机上，2~24V 电源电压输出接到三源板的电动机电源输入，并将 2~24V 电压调节到最小，5V 电源接到三源板光电式转速与相位传感器输出的电源端，光电式转速与相位传感器输出接到频率/转速表的"fin"端。合上主控制台电源开关，逐渐增大 2~24V 电压输出，使电动机转速加快，观测频率转速表的显示值，同时可通过通信接口的 CH1 用上位机软件观察光电式转速与相位传感器的输出波形。

记录试验数据于表 2-10 中，绘制输出波形于图 2-37 中。

试验数据记录表　　　　　　　　　　　　　　　表 2-10

$U(V)$							
$n(r/min)$							

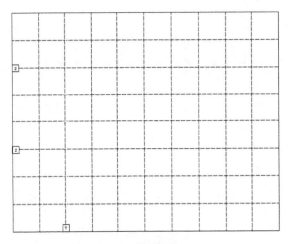

图 2-37　输出波形(三)

(四)评价与反馈

1. 自我评价与反馈(100 分)

(1)是否遵守课堂纪律、是否认真听讲,占 20%,成绩为_____。

(2)团队合作意识、尊重团队成员(包括老师和其他同学),占 30%,成绩为_____。

(3)学习任务(工作任务)完成情况,占 40%,成绩为_____。

(4)5S 现场管理及环保意识、成本控制意识,占 10%,成绩为_____。

自我评价与反馈的成绩为_____。

2. 小组评价与反馈(100 分)

(1)是否遵守课堂纪律、是否认真听讲,占 20%,成绩为_____。

(2)团队合作意识、尊重团队成员(包括老师和其他同学),占 30%,成绩为_____。

(3)学习任务(工作任务)完成情况,占 40%,成绩为_____。

(4)5S 现场管理及环保意识、成本控制意识,占 10%,成绩为_____。

小组评价与反馈的成绩为_____。

3. 教师评价与反馈(100 分)

(1)是否遵守课堂纪律、是否认真听讲,占 20%,成绩为_____。

(2)团队合作意识、尊重团队成员(包括老师和其他同学),占 30%,成绩为_____。

(3)学习任务(工作任务)完成情况,占 40%,成绩为_____。

(4)5S 现场管理及环保意识、成本控制意识,占 10%,成绩为_____。

教师评价与反馈的成绩为_____。

4. 综合评价

综合成绩 = 自我评价与反馈成绩×30% + 小组评价与反馈成绩×40% + 教师评价与反馈成绩×30%

综上,综合评价的最终成绩为_____。

思考与练习

一、判断题

1. 电磁式转速传感器是利用电磁感应来测量物体转速的,属于非接触式转速测量仪表。（　）
2. 电磁式转速传感器的感应电动势产生的电压大小与被测物体转速有关,被测物体的转速越高输出的电压也就越小。（　）
3. 霍尔式转速与相位传感器需要触点工作。（　）
4. 压电式加速度传感器属于惯性传感器。（　）
5. 光敏二极管在不受光照时处于截止状态,受光照射时处于导通状态。（　）

二、选择题

1. 电磁式转速传感器是以（　）为基本原理实现转速测量的。
   A. 电磁感应　　　B. 霍尔效应　　　C. 惠斯通电桥　　　D. 热胀冷缩
2. 关于电磁式转速与相位传感器描述不正确的是（　）。
   A. 抗干扰能力强　　B. 测量信号准确　　C. 响应快　　　D. 精度高
3. 压电式加速度传感器使用的材料为（　）。
   A. 导体　　　　B. 石英晶体　　　C. 绝缘体　　　D. 都可以
4. 汽车上用来测量转向盘转角的传感器一般采用（　）。
   A. 霍尔式转速传感器　　　　B. 压电式加速度传感器
   C. 光电式转角传感器　　　　D. 电容式加速度传感器
5. 光敏二极管属于（　）。
   A. 外光电效应
   B. 内光电效应
   C. 光生伏特效应
   D. 以上都对

环境感知技术

 **学习目标**

▶ 知识目标

1. 知道超声波传感器结构与原理；
2. 知道毫米波雷达结构与原理；
3. 知道激光雷达结构与原理；
4. 知道车载视觉传感器结构与原理。

▶ 技能目标

1. 能完成超声波传感器装调与测试；
2. 能完成毫米波雷达装调与测试；
3. 能完成激光雷达装调与测试；
4. 能完成车载视觉传感器装调与测试。

▶ 素养目标

1. 学会自主式学习；
2. 具备团队合作能力；
3. 能积极主动参与任务，能与小组成员团结协作，能执行实训室 5S 规定。

 建议课时

18 课时

一 超声波传感器装调与测试

（一）超声波传感器简介

1. 超声波传感器的特性

超声波传感器是可以利用超声波来检测物体是否存在、物体的距离及物体移动的传感器，常见如汽车雷达，可分为超声波雷达、毫米波雷达、激光雷达等。超声波雷达与毫米波雷达、激光雷达的频率如图 3-1 所示。

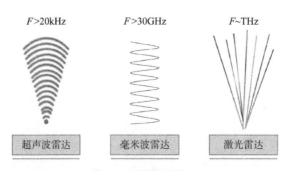

图 3-1 不同雷达的频率

2. 超声波传感器的主要性能指标

1) 工作频率

工作频率是指压电晶片的共振频率,当两端交流电压频率等于晶片的谐振频率时,雷达波的传输能量输出最大,灵敏度也最高。

2) 工作温度

超声波传感器的工作温度取决于应用的条件,诊断型超声波传感器功率小,工作温度相对较低,能长期工作而不发生故障。有些应用会产生大量的热量,需要单独冷却。

3) 灵敏度

超声波传感器的灵敏度与硅晶片的制造技术有关,机电耦合系数大,灵敏度高。

(二)超声波传感器结构与原理

超声波传感器是将超声波信号转换成其他能量信号(通常是电信号)的传感器。

1. 超声波传感器的结构

超声传感器的种类很多,按照其结构不同,可分为直探头、斜探头、表面波探头、双探头、聚焦探头、水浸探头以及其他专用探头。按照实现超声换能器机电转换的物理效应的不同,可将换能器分为电动式、电磁式、磁致伸缩式、压电式等,其中以压电式最为常用。

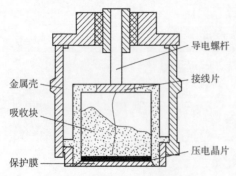

图 3-2 直探头超声波传感器结构

直探头超声波传感器结构如图 3-2 所示。它主要由金属壳、吸收块(阻尼块)、保护膜、压电晶片、接线片、导电螺杆等组成。

压电晶片多为圆板形,厚度为 δ。超声波频率 f 与压电晶片厚度 δ 成反比。压电晶片的两面镀有银层,作导电的极板。

吸收块(阻尼块)的作用是降低晶片的机械品质,吸收声能量。如果没有阻尼块,当激励的电脉冲信号停止时,晶片将会继续振荡,加长超声波的脉冲宽度,使分辨率变差。

2. 超声波传感器的工作原理

超声波是一种在弹性介质中的机械振荡,有两种形式:横向振荡(横波)及纵向振荡(纵波)。在工业应用中主要采用纵向振荡。超声波可以在气体、液体及固体中传播,其传播速度不同。另外,它也有折射和反射现象,并且在传播过程中有衰减。在空气中传播超声波,其频率较低,一般为几十kHz,而在固体、液体中则频率可用得较高。在空气中衰减较快,而在液体及固体中传播,衰减较小,传播较远。利用超声波的特性,可做成各种超声波传感器,配上不同的电路,制成各种超声测量仪器及装置。

车载超声波传感器主要分为UPA(安装在汽车前后保险杠上,用于测量汽车前后障碍物的倒车雷达)和APA(安装在汽车侧面,用于测量侧方障碍物距离的超声波雷达)两大类。UPA是一种短程超声波,主要安装在车身的前部与后部,检测范围为0.25~2.5m,由于检测距离值大,多普勒效应和温度干扰小,检测更准确。APA是一种远程超声波传感器,主要用于车身侧面,检测范围为0.35~5m,可覆盖一个停车位,方向性强,探头波的传播性能优于UPA,不易受到其他APA和UPA的干扰。当然,检测距离越远,检测误差越大,超声波传感器检测范围如图3-3所示。

超声波传感器中常用压电式超声发生器,利用压电晶体的共振来工作。在实际应用中,还应考虑多普勒效应、温度影响、噪声干扰、线性驱动干扰、机械特性等。但是,一般来说,返回数据的误差非常小,一般最大误差不超过±5cm。

在正常情况下,基本障碍物与同一障碍物之间的距离不会波动。超声波雷达波会产生余震,如果余震期间探测距离过短,会导致盲点,从而无法确定与障碍物的距离,如图3-4所示。

图3-3 超声波传感器检测范围

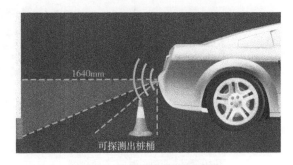

图3-4 超声波雷达波产生余震

超声波通常由LIN总线驱动,每一个超声波都需要一个超声波传感器ID来帮助区分。超声波传感器是一种无源传感器。超声波能在1s内传输最大20Hz的检测信息,在超声波接收到信号后,进行一轮超声波检测,然后将采集到的信息返回终端。图3-5所示为丰田雷克萨斯泊车雷达的工作原理图。

汽车前方的超声波传感器返回的探测距离与时间的关系如图3-6所示,可以知道其中关系为$S=ct/2$,其中S为距离,c为音速,t为时间,探测距离与时间成正比,距离越远时间越长。超声波在空气中的传播速度为340m/s,发射点与障碍物表面之间的距离S可以根据计时器记录的时间t进行计算。计算公式如下:

$$S = \frac{340t}{2} \tag{3-1}$$

超声波传感器工作原理如图3-7所示。利用超声波在空气中的传播速度为已知,测量声波在发射后遇到障碍物反射回来的时间,根据发射和接收的时间差计算出发射点到障碍物的实际距离。

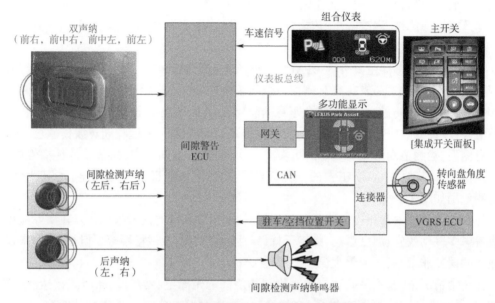

图 3-5　丰田雷克萨斯泊车雷达的工作原理图

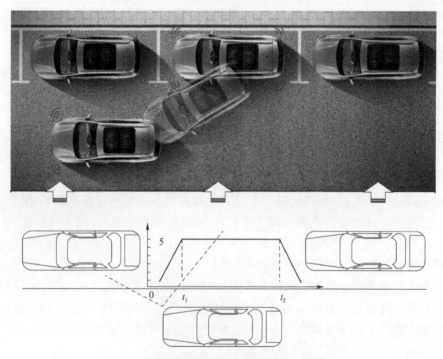

图 3-6　超声波传感器返回的探测距离与时间的关系

由此可见,超声波测距工作原理与雷达工作原理是一样的,超声波传感器在倒车辅助系统和自动泊车系统中的应用如图 3-8 所示。

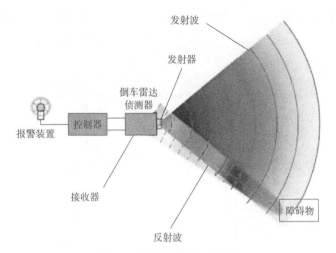

图 3-7　超声波传感器工作原理

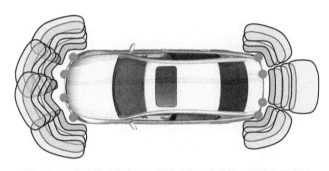

图 3-8　超声波传感器在倒车辅助系统和自动泊车系统中的应用

3. 超声波传感器电路

1) 超声波传感器发射电路

超声波传感器发射电路包括振荡电路和驱动电路,如图 3-9 所示。

(1) 振荡电路。用 555 定时器构成的多谐振荡电路,图 3-9 中电容 C1、电阻 R1 和 R2 作为振荡电路的定时元件,决定着输出矩形波正、负脉冲的宽度。定时器的触发输入端(2 脚)和阈值输入端(6 脚)与电容连接,集电极开路输出端(7 脚)接 R1、R2 处相连,用以控制电容 C1 充、放电,外界控制输入端(5 脚)通过 C2 电容接地。

(2) 驱动电路。两个反相器并联,输出电流加倍。

2) 超声波传感器接收电路

超声波传感器接收电路包括放大电路、检波电路和比较输出电路,如图 3-10 所示。

(1) 放大电路。第 1 级放大 100 倍(40dB),第 2 级放大 10 倍(20dB),经两级放大 1000 倍(60dB)。

(2) 检波电路。用二极管的单向导通性和电容的充放电,检出经放大后的脉冲信号的直流电压以判断有无回波信号。

(3) 比较输出电路。当检波电路的输出电压值高于设定的门限电压时,比较器输出低电平,表示收到反射信号。其中控制信号来自超声波发射板,在超声波发射时,该信号为高电平,提高比较器的门限转换电压,并保持一段时间,可防止发出的超声波直接进入检测头,发生误检测。

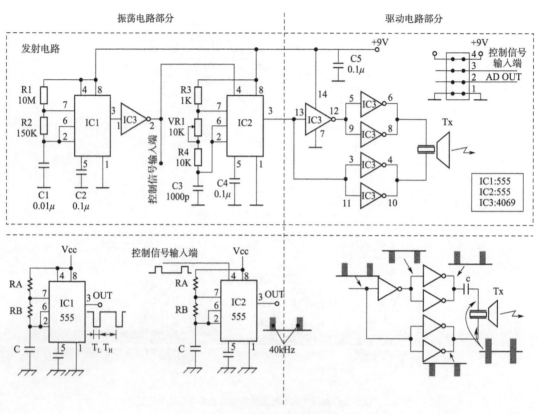

图 3-9 超声波发射电路

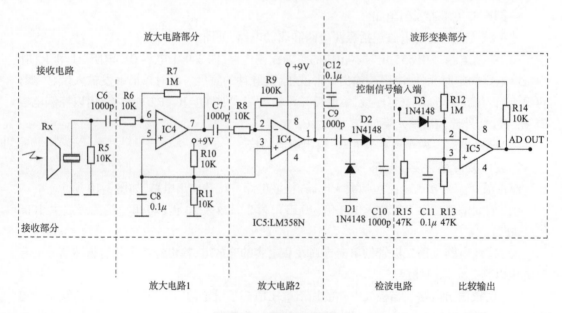

图 3-10 超声波接收电路

4.超声波传感器在 ADAS 中的应用

1)泊车库位检测

泊车库位检测如图 3-11 所示。

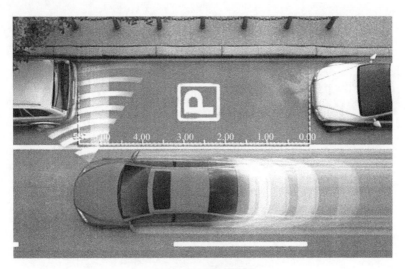

图 3-11　泊车库位检测

自动泊车功能需要经历两个阶段:①识别库位;②倒车入库。

识别库位功能就是依赖安装在车辆侧方的 APA。

2)高速横向辅助

高速横向辅助如图 3-12 所示。

图 3-12　高速横向辅助

特斯拉 Model S 在 AutoPilot 1.0 时代就实现了高速公路的巡航功能,为了增加高速巡航功能的安全性和舒适性,特斯拉将用于泊车的 APA 超声波传感器,也用在了高速巡航上。

超声波传感器发射信号以 40kHz 发射,发射时间 500μs,测试波形如图 3-13 所示。

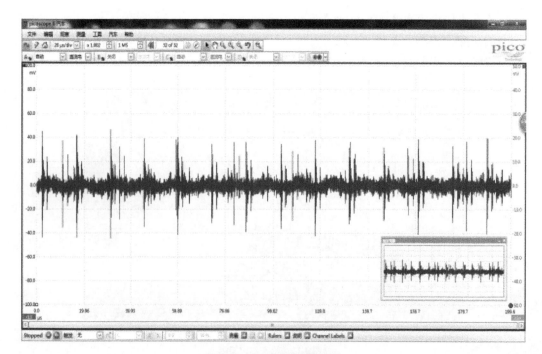

图3-13 超声波传感器波形图

(三)超声波传感器装配与标定

1. 超声波传感器装配

(1)确定超声波传感器安装在支架上,安装位置:①离地高度:50~70cm;超声波雷达安装②水平间距:支架上的 A 点与 B 点、C 点与 D 点之间的距离分别为30cm,B 点与 C 点之间的距离为40cm。

(2)选择超声波传感器钻头直径:要使钻头的直径与传感器的直径相等,为18.8mm。

(3)安装超声波传感器:使箭头方向朝上,然后安装超声波传感器。

(4)均衡用力压紧:在超声波传感器的边缘均衡用力,将传感器压入安装孔并且与安装孔贴紧。

(5)连接插头:连接防水、防尘插头,并且用力拧紧。

(6)确定配线的长度:超声波传感器线束的标配长度为2.5m左右,可以根据车型的实际需要截取。

2. 超声波传感器的标定

(1)在工作区放置工作牌,将超声波传感器安装在支架上。

(2)将超声波雷达和控制盒线束连接。

(3)打开超声波传感器控制盒供电开关、超声波传感器电源开关。

(4)在超声波传感器正前方 1m 处放置障碍物(或站立人模拟障碍物)。

(5)观察超声波显示界面测距数值。

(6)前后、左右移动障碍物,观察测距数值变化。在超声波传感器的不感应区域、限定区域和不确定区域示意中标记相应区域尺寸。

（7）组装和连接示波器。

（8）将示波器测试针连接控制面板端口 CH2（信号）、CH1（接地）。

（9）打开示波器，测试超声波雷达发射的脉冲信号，根据测试结果记录测试波形。

（10）观察波形，分析超声波雷达发射信号的脉冲周期。

（11）整理试验场地。

（四）超声波传感器测试

在车后 2m 内无障碍物的条件下，挂入倒车挡后，仔细分辨倒车雷达项目通电后的自检提示。

1. 全部功能正常

自检提示音为"嘀"一声后进入正常工作模式。

2. 左外传感器故障

自检后出现 4~6s 的长鸣音，长鸣音后出现"嘀"一声报警，此提示为左外传感器故障。

3. 左中传感器故障

自检后出现 4~6s 的长鸣音，长鸣音后出现"嘀、嘀"两声报警，此提示为左中传感器故障。

4. 右中传感器故障

自检后出现 4~6s 的长鸣音，长鸣音后出现"嘀、嘀、嘀"三声报警，此提示为右中传感器故障。

5. 右外传感器故障

自检后出现 4~6s 的长鸣音，长鸣音后出现"嘀、嘀、嘀、嘀"四声报警，此提示为右外传感器故障。

6. 2 个以上传感器故障

自检后出现 4~6s 的长鸣音，依照左、中、右的顺序，优先提示第一颗传感器故障位置（每次自检后只提示一个故障位置）。例：当左中、右外两颗同时出现故障时，自检出现 4~6s 的长鸣音后，发出"嘀、嘀"两声报警。更换左中传感器后再次通电自检，自检出现 4~6s 的长鸣音后，发出"嘀、嘀、嘀、嘀"四声报警，更换左外传感器后再通电才出现自检提示音为"嘀"一声的正常提示音，而后进入正常工作模式，即主机的自检每次通电后只能提示一个传感器异常，如有多个传感器异常需要更换后多次进行通电确认。

7. 倒车雷达主机在通电后，自检出现 4~6s 的长鸣音

发出"嘀、嘀、嘀、嘀、嘀"五声报警时，提示为倒车雷达主机出现故障。如倒车雷达主机在通电后，没有任何的提示反应，请先确认倒车雷达主机端子的安装状态，是否为线束脱落或断路造成。

以上异常报警同样适用在工作中的传感器，即在正常工作状态下出现异常时报警方式同上。当确认异常传感器的位置后，可以和正常传感器互换位置，如果故障随之转移，可确认为传感器故障。如果故障不转移，考虑是线束和连接器故障。

二 毫米波雷达装调与测试

(一) 毫米波雷达特性

1. 毫米波的定义

毫米波频段没有太过精确的定义,通常将 30~300GHz 的频域(波长为 1~10mm)的电磁波称毫米波,它位于微波与远红外波相交叠的波长范围,因而兼有两种波谱的特点。毫米波的理论和技术分别是微波向高频的延伸和光波向低频的发展,毫米波雷达的应用如图 3-14 所示。

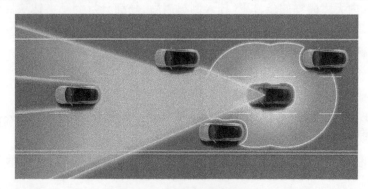

图3-14 毫米波雷达的应用

毫米波雷达就是工作在毫米波波段的雷达,利用电磁波发射后遇到障碍物反射的回波对其不断检测,计算出与周围障碍物的相对速度和距离,不同频段毫米波的比较见表 3-1。

不同频段毫米波的比较　　　　　　　　　　　　表 3-1

频段	特点	应用
24~24.25GHz	频率比较低;带宽比较窄,只有 250MHz	盲点监测,变道辅助
77GHz	频率比较高;国际上允许的带宽高达 800MHz	紧急制动,自动跟车等主动安全功能
79~81GHz	带宽非常宽,要比 77GHz 的高出 3 倍以上;具备非常高的分辨率(雷达能区分两个物体间的距离),可以达到 5cm	这个分辨率在自动驾驶领域非常有价值,因为自动驾驶汽车要区分行人等诸多精细物体,对带宽的要求很高

毫米波雷达的优势在于有极强的穿透率,能够穿过光照、降雨、扬尘、下雾或霜冻来准确探测物体,可以在全黑的环境工作;但局限性在于无法检测行人,并且对金属识别误差较大,图像精细度不及激光雷达,并且时延也达到 100ms。

2. 毫米波特点

与光波相比,毫米波利用大气窗口(毫米波与亚毫米波在大气中传播时,由于气体分子谐振吸收所致的某些衰减为极小值的频率)传播时的衰减小,受自然光和热辐射源影响小。

1) 优点

(1) 极宽的带宽。通常认为毫米波频率范围为 26.5~300GHz,带宽高达 273.5GHz,超过从直流到微波全部带宽的 10 倍。即使考虑大气吸收,毫米波在大气中传播时只能使用四个主要窗口,但这四个窗口的总带宽也可达 135GHz,为微波以下各波段带宽之和的 5 倍,这在频率资源紧张的今天无疑极具吸引力。

(2)波束窄。在相同天线尺寸下,毫米波的波束要比微波的波束窄得多。例如一个 12cm 的天线,在 9.4GHz 时波束宽度为 18°,而 94GHz 时波束宽度仅 1.8°。因此,毫米波可以分辨相距更近的小目标或者更为清晰地观察目标的细节。

(3)与激光相比,毫米波的传播受气候的影响要小得多,可以认为具有全天候特性。

(4)与微波相比,毫米波元器件的尺寸要小得多。因此,毫米波系统更容易小型化。

毫米波雷达因具有较多的优点而使其广泛地应用于自动驾驶汽车当中。毫米波雷达特点如图 3-15 所示。

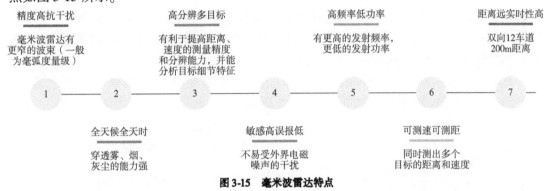

图 3-15　毫米波雷达特点

2)缺点

(1)大气中传播衰减严重。

(2)器件加工精度要求高。

(3)无法感知行人,并且对周边所有障碍物无法进行精准的建模。

3)应用

汽车毫米波雷达的主要频段为 24GHz 和 77GHz,日本采用 60GHz,我国台湾使用的 79GHz。使用这些频段的主要原因,是这些频段被其他应用占用少,这些频段在大气中的衰减要弱,因而更适合长距离传输。毫米波在汽车上的应用如图 3-16 所示。

图 3-16　毫米波在汽车上的应用

目前,77GHz 更多地被认为是未来的主流方向,其主要有以下优点。

(1)探测距离更远。带宽更大,同时天线较小。反射的波束更集中,从而可探测更远的距离。

(2)独有频段。在欧洲,24GHz 很早之前就已经被分配给射电天文和电信工业应用。为了减少对它们的干扰,欧盟限制了 24GHz 车用毫米波雷达发射功率,仅用于短距离雷达,而 77GHz 相对独有。

3. 毫米波雷达测量原理及应用

雷达主要测量目标的三个参数:位置、速度和方位角。

测量位置和速度的精确方法取决于雷达采用的调制方法。雷达调制就是简单地实现雷达回波识别和传递时间测量,对于雷达发射的电磁波,需要增加标记和时间基准。为了满足不同探测距离的需要,车内安装了大量的短程、中程和远程毫米波雷达。不同的毫米波雷达在车辆的前部、车身侧面和后部起着不同的作用。

毫米波雷达可实现自适应巡航控制、前向防撞报警、盲点检测、辅助停车、辅助变道、自主巡航控制等先进的巡航控制功能,如图 3-17 所示。

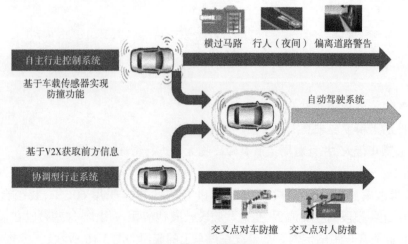

图 3-17 巡航控制功能

(二)车载毫米波雷达结构与工作原理

1. 车载毫米波雷达的结构

在车载雷达中,主要采用幅度调制和频率调制两种方法。

毫米波雷达结构如图 3-18 所示。

调频连续波(FWCW)雷达是目前最常用的车载毫米波雷达,如图 3-19 所示。FWCW 雷达系统主要包括射频收发器前端(天线、发射机、接收机)、信号处理器。射频收发器前端是雷达系统的核心部件。前端有波导结构的前端、微带结构的前端和前端的单片集成。典型的射频前端主要包括天线、线性 VCO、放大器和平衡混频器部分,前端混频输出的中频信号通过中频放大送至下一级的数据处理部分。数据处理部分的基本目标是消除不必要的信号(如杂波)和干扰信号,处理经中频放大的混频信号,从信号频谱中提取目标距离、速度等信息。

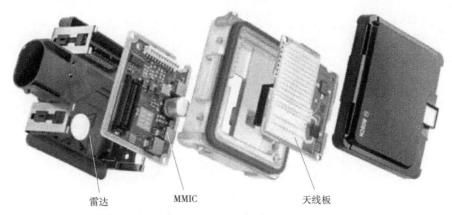

图 3-18　毫米波雷达结构

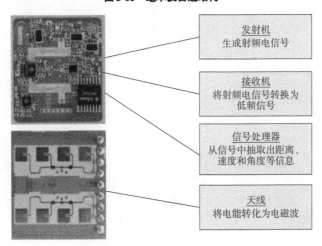

图 3-19　调频连续波(FWCW)雷达

2. 车载毫米波雷达的工作原理

毫米波雷达是利用波的多普勒效应这一原理制成的。其原理是用波照射运动着的物体,运动物体反射或散射波,由于存在多普勒效应,反射或散射波将产生多普勒频移,利用产生频移的波与本振波进行混频再经过适当的电子电路处理,即可得到运动物体的运动速度。我们假设多普勒测速仪静止,运动物体的运动速度为 v,运动物体的运动方向与毫米波雷达的测速方向在同一直线上。毫米波雷达是通过对接收信号和发射信号的处理,实现对目标的探测距离、方位和相对速度的测量,其工作原理图如图 3-20 所示。

汽车雷达通过三维扫描,可以更可靠地检测出物体的正面、左侧和右侧以及上下方向,如图 3-21 所示。

例如,通过检测上面设置的道路标志的高度,可以正确识别车辆前面的物体。道路上的障碍物可以从更远的位置识别,从而提高高速区域碰撞安全系统的性能。毫米波雷达测距方法非常简单,即先发射无线电波,然后接收回波,根据发射和接收的时间差测量目标的位置数据和相对距离。根据电磁波传播速度,确定目标距离的公式为:

$$S = \frac{CT}{2} \tag{3-2}$$

式中：S——距离；

C——光速；

T——时间。

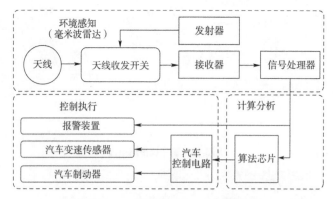

图 3-20　毫米波雷达工作原理图

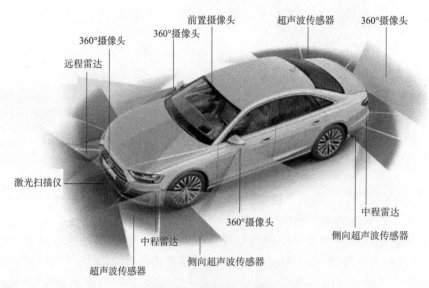

图 3-21　毫米波雷达三维扫描

(三)毫米波雷达安装与调试

毫米波雷达安装

1. 安装工具

1) 设备

设备：电钻。

2) 工具

工具：平口螺丝刀、梅花螺丝刀(拆附件)、专用钻头、彩笔、卷尺、电胶布、电笔(安装用)、纸胶带。

2. 安装调试过程

第1步：拆后保险杠。检查后保险杆内部构造情况，如果有车架大梁、撞击缓冲泡沫块等,尽量避开此类位置。如果有塑料螺栓,动作得轻一些。拆完保险杠后,毫米波雷达的位置如图3-22所示。

第2步:打孔。用标尺度量出探头的位置,用配套的专用钻头沿标记处开孔,并将孔修理平滑(如果是换用新的倒车毫米波雷达,这个步骤就可以省去)。

第3步:安装倒车毫米波雷达的探头,如图3-23所示。按探头编号从左至右依次装入打孔处。理顺探头连线,并上穿至行李舱左侧处。

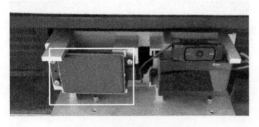
图3-22　毫米波雷达的位置

图3-23　毫米波雷达探头

第4步:安装倒车毫米波雷达的控制器,如图3-24所示。拆开行李舱左侧内衬板及左尾灯,安装上倒车毫米波雷达控制器,电源信号线接在倒车灯线上。

图3-24　毫米波雷达的控制器

第5步:安装倒车毫米波雷达的显示器。根据用车习惯找毫米波雷达显示器的固定位置,建议安装在左侧A柱下方。将显示器信号线沿左侧门边压条下方或地胶垫下,排到行李舱左侧处,依顺序把显示器及探头插头接往主控制器。

第6步:测试倒车毫米波雷达是否能正常使用。挂入倒挡测试倒车毫米波雷达的工作状况,确定各探头及显示器正常,然后装回尾灯及内饰板、后保险杠。

3. 安装调试时注意事项

(1)连接临时电源线以前,需将上级电源开关断开,并测量确认已经断电,然后再接线。

(2)临时电源线连接应牢靠,无松动或虚接。

(3)临时电源线连接完后应在临时接线箱上挂牌做提示。

(4)临时电源线应尽量布置在没有重物碾压的位置。

(5)定期检查电源线是否有破损或裸露。

(6)休息或不使用临时电源时,应将临时电源开关断开。

(7)拆卸临时电源线前需将上级电源开关断开,并测量确认已经断电,然后再拆线。

(8)如果发生触电事故,应尽快切断总电源或用绝缘物体把触电人员从电线上挪开,并尽快将触电人员送医急救。

(四)毫米波雷达的标定

(1)在工作区放置工作牌,将毫米波雷达安装在支架上。
(2)将毫米波雷达 RCAN 信号线与控制柜 CAN-H 和 CAN-L 连接。
(3)打开毫米波雷达控制盒供电开关、电源开关。
(4)在毫米波雷达正前方固定距离放置模拟目标,记录距离。
(5)打开控制柜电源,启动计算机。
(6)启动"Radar Viewer"或其他毫米波测试软件。
(7)对毫米波雷达安装位置进行调整、标定(模拟目标在测试软件中显示信息与实际一致)。
(8)记录软件测试界面的距离、幅度、角度等信息。
(9)记录最远距离测试点位数据。
(10)记录距离精度测试点位数据。
(11)记录目标雷达散射特性及位置中心精度测试数据。
(12)关闭测试界面,启动"USB-CAN TOOL"程序,打开 CAN 分析仪。
(13)设置设备比特率为 500kbit/s,读取 CAN 分析仪采集的数据。
(14)实时存储 CAN 分析仪采集到的数据,识别出有效数据。
(15)解析 CAN 分析仪读取的数据,将十六进制转换为十进制。
(16)将换算的数据和测试软件读出的数据做匹配分析(参考雷达目标格式,计算目标距离)。
(17)将毫米波雷达 RCAN 信号线与示波器通道连接。
(18)通过示波器观察 CAN-H 和 CAN-L 波形,保存波形截图。
(19)整理试验场地。

三 激光雷达装调与测试

激光雷达(Light Detection and Ranging,LiDAR)是通过激光测距技术探测环境信息的主动传感器的统称,如图 3-25 所示。激光雷达利用激光束探测目标的位置、速度等特征量,获得数据并生成精确的数字工程模型。

图 3-25 激光雷达

(一)激光雷达的分类

激光雷达是集激光、全球定位系统(Global Positioning System,GPS)和惯性测量单元(Inertial Measurement Unit,IMU)三大技术为一体的系统。激光雷达分类如图3-26所示。

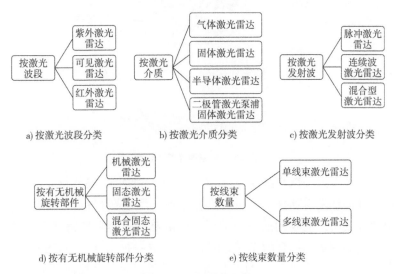

图 3-26 激光雷达分类

1. 按有无机械旋转部件分类

激光雷达按有无机械旋转部件可以分为机械激光雷达和固态激光雷达、混合固态激光雷达。机械激光雷达的最大特点是外观上具有机械旋转的结构,固态激光雷达无旋转装置。固态激光雷达因为没有旋转机构,不能进行360°旋转,只能探测前方,因此,要实现全方位扫描,需在不同方向布置多个固态激光雷达,例如前向激光雷达和角激光雷达。固态激光雷达又可进一步细分为OPA、Flash、MEMS。

(1) OPA激光雷达:通过调节发射阵列中每个发射单元的相位差来改变激光的出射角度。

(2) Flash激光雷达:发射面阵光,是以2维或3维图像为重点输出。

(3) MEMS激光雷达:通过微振镜改变单个发射器的发射角度进行扫描,由此形成一种面阵的扫描视野。

2. 按线束数量分类

(1) 单线束激光雷达:扫描一次只产生一条扫描线,其所获得的数据为2D数据,因此,无法区别有关目标物体的3D信息。

(2) 多线束激光雷达:扫描一次可产生多条扫描线,目前市场上多线束产品包括4线束、8线束、16线束、32线束、64线束等。

2.5D激光雷达与3D激光雷达最大的区别在于激光雷达垂直视野的范围,前者垂直视野范围一般不超过10°,而后者可达到30°甚至40°以上,这导致两者对于激光雷达在汽车上的安装位置要求有所不同。

(二)激光雷达的结构

机械激光雷达结构如图 3-27 所示。

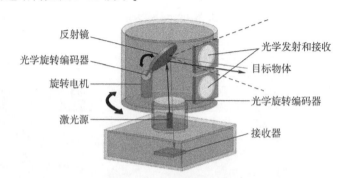

图 3-27 机械激光雷达结构

激光雷达产生并发射一束光脉冲,打在物体上并反射回来,最终被接收器所接收。接收器准确地测量光脉冲从发射到被反射回的传播时间。因为光脉冲以光速传播,所以,接收器总会在下一个脉冲发出之前收到前一个被反射回的脉冲。鉴于光速是已知的,传播时间即可被转换为对距离的测量。结合激光雷达的高度、激光扫描角度,从 GPS 得到的激光雷达的位置和从 INS 得到的激光发射方向,就可以准确地计算出每一个地面光斑的坐标 (X,Y,Z)。激光束发射的频率可以从每秒几个脉冲到每秒几万个脉冲,即一个频率为每秒一万次脉冲的系统,接收器将会在一分钟内记录六十万个点。一般而言,LiDAR 系统的地面光斑间距在 2~4m 不等。

(三)激光雷达特性

激光应用范围很广,常见的有激光打标、激光焊接、激光切割、光纤通信、激光测距、激光雷达、激光武器、激光唱片、激光矫视、激光美容、激光扫描、激光灭蚊器、LIF 无损检测技术等。激光如图 3-28 所示。

激光雷达(LiDAR)即基于激光的探测与测距,如图 3-29 所示。

图 3-28 激光示意图

图 3-29 激光雷达探测与测距示意图

将激光雷达、GPS 和 IMU 三种技术集成于一体,可以获得数据并生成精确的数字高程模型(Digital Elevation Model,DEM),即对地面地形的数字化模拟。

激光雷达具有单色性、高亮度和高方向性。评价激光雷达的性能一般从测量距离、测量精度、测量速率、角度分辨率等方面考虑。激光雷达的性能见表3-2。

激光雷达的性能　　　　　　　　　　　表3-2

序号	性能指标	机械式激光雷达	固态激光雷达
1	探测距离范围(m)	0.5～200	0.5～200
2	测距精度(cm)	2	<5
3	回波强度(bits)	≥8	≥8
4	水平视场(°)	360	>100
5	垂直视场(°)	>30	>30
6	测量点频(kHz)	>500	>500
7	测量帧频(Hz)	10～20	10～20
8	距离分辨率(mm)	<5	<5
9	水平分辨率(°)	<0.1	<0.1
10	扫描线束	≥32 线束	≥8 线束
11	通信接口	Ethernet, PPS	Ethernet, PPS
12	工作温度(℃)	-40～+85	-40～+85
13	相对湿度(%)	0～95	0～95
14	防护等级	≥IP65	≥IP65
15	供电电源(VDC)	9～32	9～32

（四）激光雷达测距原理

1. 激光脉冲测距

测距仪发出光脉冲，经被测目标反射，光脉冲回到测距仪接收系统，如图3-30所示。

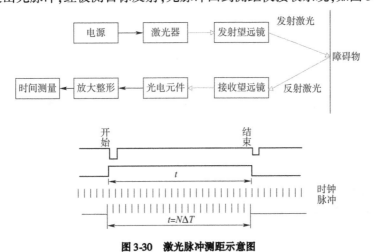

图3-30　激光脉冲测距示意图

测量发射和接收光脉冲的时间间隔，即光脉冲在待测距离上的往返传播时间，然后根据光速计算出距离。

脉冲测距精度不高,并且需要"巨脉冲"。巨脉冲测距时用的光脉冲功率很大,一般峰值功率在一兆瓦以上,脉冲宽度在几十毫秒以下。

2. 激光相位测距

对发射的激光强度进行连续的调制,测定调制光往返过程中所经过的相位变化,从而间接测量出传播时间,进而计算出距离,如图3-31所示。

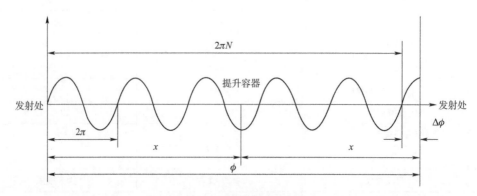

图3-31 激光相位测距示意图

产生强度成余弦变化的连续波。相位测距的精度高于脉冲测距,负载小,使用较多。

发射处与反射处(提升容器)的距离为x,激光的速度为c,激光往返的时间为t,则有$t = \dfrac{2x}{c}$。

调制波频率为f,从发射到接收间的相位差为ϕ,则有

$$\phi = 2\pi ft = 4\pi f \dfrac{x}{c} = 2\pi N + \Delta\phi \tag{3-3}$$

$$x = \dfrac{\varphi c}{4\pi f} = \dfrac{c}{2f}\left(\dfrac{2\pi N + \Delta\varphi}{2\pi}\right) = \dfrac{c}{2f}(N + \Delta N) \tag{3-4}$$

式中:N——完整周期波的个数;

$\Delta\phi$——不足周期波的余相位。

(五)激光雷达安装、标定与测试

图3-32所示为我国深圳速腾聚创科技有限公司(以下简称深圳速腾)RS-LiDAR-16的16线激光雷达。下面以此为例说明激光雷达的安装、标定和测试。

激光雷达装配

1. 激光雷达安装

(1)确定微光雷达的安装高度以及安装仰角度。激光雷达安装的俯仰角度为180°,横摆角为0°(360°),侧倾角为0°(360°)。激光雷达安装高度根据前方障碍物高度进行调整,横向安装位置为车正中央轴线上。使用专用工具将激光雷达与试验台进行结构安装,如图3-33~图3-35所示。

(2)将激光雷达电源及控制线束与其他功能部件连接。

(3)接通试验台电源,激光雷达安装完毕。

模块三　环境感知技术

图3-32　深圳速腾聚创科技有限公司 RS-LiDAR-16示意图

图3-33　横摆角

图3-34　侧倾角

图3-35　俯仰角

2. 激光雷达标定

激光雷达与车体为刚性连接,两者间的相对姿态和位置固定不变,为了建立各个激光雷达之间的相对坐标关系,需要对激光雷达的安装进行简单的标定,并使激光雷达数据从激光雷达坐标统一转换至车体坐标上。

激光雷达标定的目的是求解激光雷达测量坐标系相对于其他测量坐标系的相对变换关系,以便获取障碍物相对本车的距离、速度、角度等信息。

以单线激光雷达为例,选定车体坐标 X 轴为激光雷达扫描角度为零时车体的指向,Z 轴指向车体上方,XYZ 轴构成右手系,激光雷达所有的扫描点在同一个几何平面 S 上,将扫描点 P 投影到坐标面和坐标轴,如图3-36所示。

扫描点 P 在车体坐标系中的坐标为:

$$\begin{bmatrix} x \\ y \\ z \end{bmatrix} = \begin{bmatrix} \rho \cos\theta \cos\alpha_0 \\ \rho \sin\theta \\ h_0 - \rho \cos\theta \sin\alpha_0 \end{bmatrix} \quad (3\text{-}5)$$

具体标定步骤如下。

(1)在工作区放置工作牌,将激光雷达安装在支架上,注意平整与无遮挡。

(2)将激光雷达的 USB 接口与试验台 USB 接口连接。

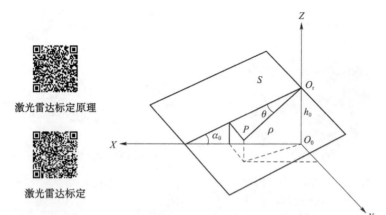

图3-36 单线激光雷达模型示意图

ρ-扫描点到激光雷达的距离;θ-扫描角度;α_0-安装俯角;

h_0-安装高度

(3)打开计算机的"设备管理器",查看连接硬件的识别端口。

(4)深圳速腾提供 RSVIEW 软件读取设备参数,根据硬件识别端口进行设置,也可以根据所选激光雷达选用其他定制软件。

(5)单击"command-scan"启动激光雷达扫描。

(6)在雷达正前方放置模拟目标,观察扫描的点云图像、角度与距离信息。

(7)移动物体,观察点云变化,并记录。

(8)单击"set motor PWM",调节激光雷达转速。

(9)连接示波器。

(10)根据激光雷达接口及定义,测试激光雷达供电电压值。

(11)测试激光雷达输出、输入信号波形(比特率256bit/s),并记录。

(12)测试激光雷达 PWM 脉冲调制波形,并记录。

(13)清理试验场地。

3.激光雷达测试

在车载激光雷达的测评中,需要针对测试指标构建车用激光雷达测试场景,建立标定场、控制点和检测点,通过设置标靶,结合已有的高精度、高置信度测试仪器进行激光雷达标定,通过控制点进行评测指标精度分析,结合检测点进行指标精度对比分析,最后形成指标参数精度的置信描述。

比较重要的激光雷达测评参数包括:

(1)最大测距为最初看到采样目标的距离;

(2)检测距离为检测到有效目标时的距离;

(3)分类距离为能够将车辆等目标与其他物体分离出来的距离;

(4)最佳分类距离为能够将目标的形状识别出来的最佳距离。

四 摄像头装调与测试

(一)摄像头简介

1. 摄像头的定义

摄像头又称视觉传感器、摄像机、是将二维光强分布的光学图像转变成一维时序电信号的传感器,如图 3-37 所示。

图 3-37　摄像头

2. 摄像头的分类

摄像头分类如图 3-38、图 3-39 所示。

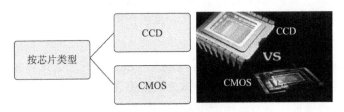

图 3-38　摄像头的分类(一)

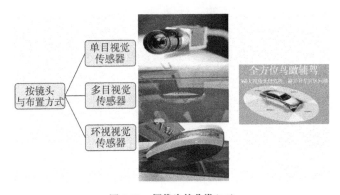

图 3-39　摄像头的分类(二)

(二)摄像头的结构和工作原理

1. 摄像头的结构

摄像头主要由镜头、影像传感器(主要是 CD/CMOS 器件)、数字信号处理器(Digital Signal Processing,DSP)等组成。

2. 摄像头的工作原理

被摄物体经过镜头聚焦至电荷耦合器件(Charge Coupled Device,CCD)。CCD 由多个 XY 纵横排列的像素点组成,每个像素都由一个光电二极管及相关电路组成,光电二极管将光线转变成电荷,收集到的电荷总量与光线强度成比例。所积累的电荷在相关电路的控制下,逐点移出经滤波、放大,经过 DSP 处理后形成视频信号输出,再通过 I/O 接口传输到计算机中进行处理后,通过显示屏就可以看到图像了。摄像头工作原理如图 3-40 所示。

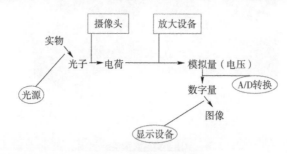

图 3-40 摄像头工作原理

3. 摄像头的扫描方式

摄像头按一定的分辨率,以隔行扫描的方式采集图像上的点,当扫描到某点时,就通过图像传感芯片将该点处图像的灰度转换成与灰度对应的电压值,然后将此电压值通过视频信号端输出。

摄像头连续地扫描图像上的一行,则输出就是一段连续的电压信号,电压信号的高低起伏反映了该行图像的灰度变化。摄像头扫描方式如图 3-41 所示,当扫描完一行,视频信号端就输出一个低于最低视频信号电压的电平(如 0.3V),并保持一段时间。相当于,每行图像信号之后会有一个电压"凹槽"叫作行同步脉冲,它是扫描换行的标志。跳过一行后(因为摄像头是隔行扫描的),开始扫描新的一行,如此下去,直到扫描完该场的视频信号,接着会出现场消隐区。有若干个复合消隐脉冲,其中有个远宽于(即持续时间远长于)其他的消隐脉冲,称为场同步脉冲,它是扫描换场的标志。场同步脉冲标志着新的一场的到来,场消隐区恰好跨在上一场的结尾和下一场的开始部分,得等场消隐区过去,下一场的视频信号才真正到来。摄像头每秒扫描 25 幅图像,每幅又分奇、偶两场,先奇场后偶场,故每秒扫描 50 场图像。

奇场时只扫描图像中的奇数行,偶场时则只扫描图像中的偶数行。

4. 摄像头的两个重要指标

1)分辨率

分辨率实际上就是每场行同步脉冲数,这是因为行同步脉冲数越多,则对每场图像扫描的行数也越多。分辨率反映的是摄像头的纵向分辨能力。

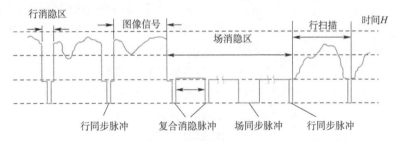

图 3-41　摄像头扫描方式

2) 有效像素

有效像素常写成两数相乘的形式,如"320×240"。其中,前一个数值表示单行视频信号的精细程度,即行分辨能力,后一个数值为分辨率。因而,有效像素 = 行分辨能力 × 分辨率。

(三) 数字图像处理

摄像头通过数字化的图像对环境信息编码,编码的目的是使信息可以被计算机处理,数字图像处理过程如图 3-42 所示。典型的图像编码格式有灰度、RGB、CMYK 等,根据颜色编码、图像属性、分辨率、压缩方式等特征,一些标准的图像格式如 BMP、JPG(JPEG)、PNG、TIF、GIF、PCX、TGA、EXIF、FXP 等,用于标准化和结构化图像的存储,以及在网络、各类操作系统和算法中的传播与使用。

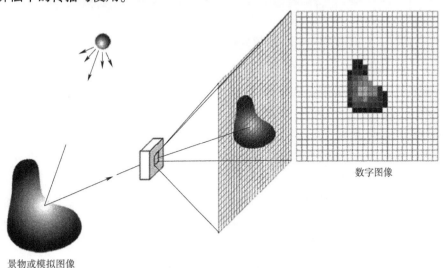

图 3-42　数字图像处理过程

智能网联汽车中使用的图像处理方法算法主要来源于计算机视觉中的图像处理技术。

1. 车道检测

车道由圆弧、直线与曲线构成,缓和曲线有不同曲率(例如螺旋曲线)的圆弧连接过渡段或直线连接过渡段。车道与路面车辆的几何模型元素包括车道曲率、弧长、偏航角等。车道检测如图 3-43 所示。

2. 语义分割

语义分割是指图像处理算法试图从语义上理解图像中每个像素的角色，该物体是汽车还是其他分类的物体，除了识别人、路、车、树等，我们还必须确定每个物体的边缘，需要使用语义分割模型来对物体做出像素级的分割，并通过语义形式提供物体的特征和位置等信息。语义分割如图3-44所示。

图3-43 车道检测

a) 原图　　　　　　　　　b) 语义分割后的图像

图3-44 语义分割

语义分割是原始图像经过深度学习网络进行逐层特征提取、像素级分割、特征识别、语义标注等过程，实现对图像中各类目标的识别、分类、语义信息标注，为智能网联汽车更丰富功能的实现提供更多、更全面的环境信息。

3. 立体视觉与场景流

立体视觉是双眼观察景物能分辨物体远近形态的感觉。立体视觉的目的在于重构场景的三维几何信息。

用作立体视觉研究的图像在时间、视点、方向上有很大的变动范围，直接受所应用领域的影响。立体视觉的研究主要集中在三个应用领域中，即自动测绘中的航空图片的解释、自主车的导引及避障、人类立体视觉的功能模拟。

在立体视觉的应用领域中，一般都需要一个稠密的深度图。

场景流是空间中场景运动形成的三维运动场，如图3-45所示。

4. 视觉里程计算法

视觉里程计算法的一个非常重要的特点是它只关心局部运动，而且大部分时间是指两个时刻之间的运动。当以一定的时间间隔采样时，可以估计运动物体在每个时间间隔内的运动。由于该估计值受噪声的影响，故将前一时刻的估计误差加入后一时刻的运动会产生误差累计。视觉里程计算法采样图如图3-46所示。

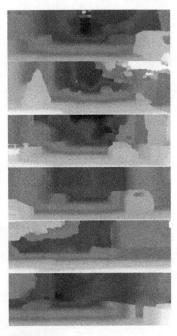

图 3-45　立体视觉与场景流

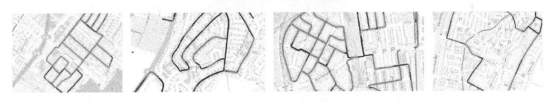

图 3-46　视觉里程计算法

5. 目标跟踪

目标跟踪是指系统跟踪特定场景中感兴趣的一个或多个特定对象的过程。目标跟踪在无人驾驶领域很重要，一方面可以提高后续检测的准确性，另一方面能够对目标的运动状态进行跟踪，如图 3-47 所示。

根据观测模型，目标跟踪算法可分为两类：生成算法和判别算法。生成算法利用生成模型来描述目标表面特征，并使重构误差最小化来搜

图 3-47　目标跟踪

索目标；判别算法又称检测跟踪算法，通过区分待识别目标和道路、天空等背景，将待识别目标提取并进行跟踪。

（四）摄像头标定

1. 参数标定

在图像测量过程以及机器视觉应用中，为确定空间物体表面某点的三维几何位置与

其在图像中对应点之间的相互关系,必须建立摄像头成像的几何模型,即求解几何模型参数。

无论是在图像测量或者机器视觉应用中,摄像头参数的标定都是非常关键的环节,其标定结果的精度及算法的稳定性直接影响摄像头工作结果的准确性。摄像头标定的坐标系转换如图 3-48 所示。

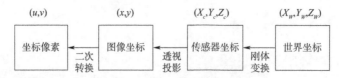

图 3-48 摄像头标定的坐标系转换

摄像头采集图像后以标准电视信号的形式输入计算机,在计算机中以 $M \times N$ 矩阵保存,在图像上定义图像像素直角坐标系(O_t, u, v),每一个像素的坐标(u, v)分别表示该像素在数中的列数与行数,并没有物理单位表示出该像素在图像中的位置,因此,需要建立以物理单位表示的图像物理坐标系(O_1, x, y)。像素坐标系与物理坐标系的转换如图 3-49 所示。

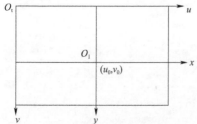

图 3-49 像素坐标系与物理坐标系的转换

摄像头坐标系是由点 O_C 与 X_C、Y_C 和 Z_C 轴组成的直角坐标系(O_C 点称为摄像头的光学中心,简称光心),X_C、Y_C 分别与 X 轴 Y 轴平行,Z_C 轴为摄像头的光轴,它与图像平面垂直,光轴与图像平面的交点,即为图像坐标系的原点,$O_C O_1$ 为摄像头焦距。

世界坐标系(O_W, X_W, Y_W, Z_W)是一个基准坐标系,用于描述摄像头放置在拍摄环境中的位置和被拍摄物体的位置。传感器坐标系与世界坐标系如图 3-50 所示。

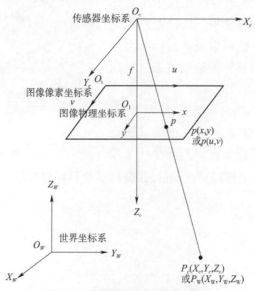

图 3-50 传感器坐标系与世界坐标系

摄像头坐标系向世界坐标系的变换，包括 X_C、Y_C 和 Z_C 轴的旋转以及坐标平移，坐标系变换矩阵为：

$$\begin{bmatrix} X_C \\ Y_C \\ Z_C \\ 1 \end{bmatrix} = \begin{bmatrix} R & t \\ O^{\mathrm{T}} & 1 \end{bmatrix} \begin{bmatrix} X_W \\ Y_W \\ Z_W \\ 1 \end{bmatrix} = M_1 \begin{bmatrix} X_W \\ Y_W \\ Z_W \\ 1 \end{bmatrix} \tag{3-6}$$

其中，$R = \begin{bmatrix} r_1 & r_2 & r_3 \\ r_4 & r_5 & r_6 \\ r_7 & r_8 & r_9 \end{bmatrix}$，$O = (0,0,0)^{\mathrm{T}}$，$t = \begin{bmatrix} T_x \\ T_y \\ T_z \end{bmatrix}$

R 中各个参数 $r_1 \cdots r_9$ 可由旋转变换矩得到。

综上，单目摄像头的标定是求解传感器坐标系相对于世界坐标系的旋转矩阵 **R** 和平移向量 **T** 等参数。

对于多目摄像头标定，就要复杂多了，双目摄像头标定的第一步需要分别获取左右传感器的内外参数，通过立体标定对左右两幅图像进行立体校准和对齐，然后确定两个传感器的相对位置关系（即中心距），最后确保左右两个摄像头的成像定位到同一个点上。

2. 标定工作步骤

（1）在工作区放置工作牌，将摄像头安装在支架上，注意平整与无遮挡。

（2）将安装摄像头的支架摆放在合适位置。

（3）将摄像头的 USB 接口与控制台连接，启动设备，确保供电正常。

（4）将目标模拟器置于摄像头前方，测量模拟器与摄像头的距离和角度，启动计算机摄像头参数标定软件，标定物距、角度等外部参数。

视觉相机装配

视觉相机标定

（5）标定摄像头内部参数（选做），如像素、焦距、图像原点、畸变等的标定。

（6）以车道与行人识别为例进行应用标定，启动专用标定软件"QYCL carlane"。

（7）将摄像头置于车道线的正前方，调整摄像头角度及位置，使显示窗口能识别出车道线、行人。

（8）滑动道路上线和道路下线项目，观察车道线识别的区域变化，将软件识别区域与真实区域匹配。

（9）滑动 ROI 区域横、纵坐标位置项目，可以对摄像头拍摄的图像进行区域识别。

（10）调整 Canny 阈值 1 和阈值 2 项目，观察车道线识别的区域变化，将软件识别区域与真实区域匹配。

（11）滑动 Hough 阈值项目，观察车道线识别区域变化，将软件识别区域与真实区域匹配。

（12）恢复各项目初始位置，关闭调试软件。

（13）清理试验环境。

拓展阅读

环境感知系统的硬件基础是多种传感器以及它们的组合,而软件方面的核心则是感知算法。感知算法完成两个主要任务:物体检测和语义分割。前者得到的是场景中重要目标的信息,包括位置、大小、速度等,是一种稀疏的表示;而后者得到的是场景中每一个位置的语义信息,如可行驶、障碍物等,是一种稠密的表示。这两个任务的结合被称为全景分割,这也是自动驾驶和机器人领域新兴起的一个概念。环境感知系统的终极目标就是要得到车辆周边三维空间中全景分割结果。

技能实训

(一)超声波传感器的装调与测试

1. 准备工作

1) 任务要求

(1) 知道超声波传感器的组成和工作原理。

(2) 能识别超声波传感器。

(3) 能熟练使用设备和工具,按流程规范装调与测试超声波传感器。

2) 组织方式

(1) 在教师的引导下分组,以小组为单位学习相关知识;每组人数不少于3人,分别负责主操作、辅助记录、安全监督。

(2) 依据操作规范实车认知超声波传感器系统,小组内互相讲述超声波传感器的类型、功能与组成。

3) 实施准备

(1) 安全要求及注意事项。

学员进入实训区,务必穿戴劳动防护用品并严格遵守实训区5S作业规程。

严禁非专业人员或无实训教师在场的情况下,对实训部件进行移除或安装。

功能检测时,学员应在指定工作区域,以免随意走动造成干扰。

(2) 场地设施。

满足理论及实践教学的工学一体化教学教室和实训场地。场地面积足够,无障碍物。

(3) 工具设备或耗材。

工具设备或耗材见表3-3。

工具设备或耗材 表3-3

名称及数量	实物图片
超声波雷达(实验台或实验箱)1个	

续上表

名称及数量	实物图片
万用表 4 个	
示波器 4 个	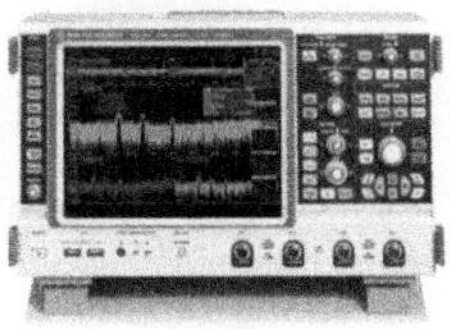
目标模拟器 1 个	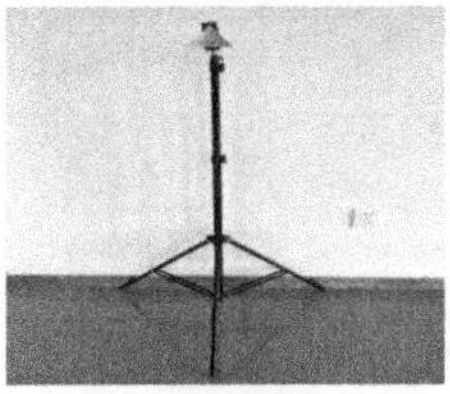
卷尺 1 个	

2. 实施步骤

(1)在工作区放置_____,将超声波雷达安装在支架上。

(2)将超声波雷达和_____线束连接。

(3)打开超声波雷达控制盒供电开关、超声波电源开关。

(4)在超声波雷达正前方_____处放置障碍物(或站立人模拟障碍物)。

(5)观察超声波显示界面_____。

(6)前后、左右移动障碍物,观察_____变化。在图 3-51 超声波雷达的不感应区域、限定区域和不确定区域示意中标记相应区域尺寸。

(7)组装和连接示波器。

(8)将示波器测试针连接控制面板端口 CH2(信号)、CH1(接地)。

(9)打开示波器,测试超声波雷达发射的脉冲信号。图 3-52 所示是发射脉冲信号参考,根据测试结果记录测试波形在图 3-53 中。

(10)观察波形,分析超声波雷达发射信号的脉冲周期。

(11)整理试验场地。

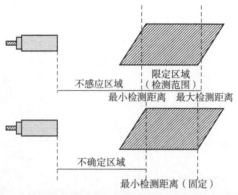

图 3-51 超声波雷达的不感应区域、限定区域和不确定区域示意

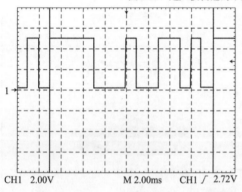

图 3-52 发射脉冲信号参考

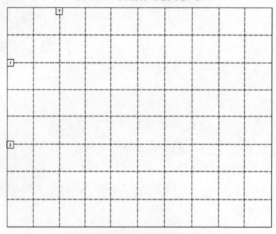

图 3-53 测试波形

(二)毫米波雷达装调与测试

1. 准备工作

1)任务要求

(1)知道毫米波雷达组成和工作原理。

（2）能识别毫米波雷达。

（3）能熟练使用设备和工具,按流程规范装调与测试毫米波雷达。

（4）能积极主动参与任务,能与小组成员团结协作,能执行实训室5S规定。

2）组织方式

（1）在教师的引导下分组,以小组为单位学习相关知识；每组人数不少于3人,分别负责主操作、辅助记录、安全监督。

（2）依据操作规范实车认知毫米波雷达系统,小组内互相讲述毫米波雷达的类型、功能与组成。

3）实施准备

（1）安全要求及注意事项。

学员进入实训区,务必穿戴劳动防护用品并严格遵守实训区安全作业规程。

严禁非专业人员或无实训教师在场的情况下对实训部件进行移除或安装。

功能检测时,学员应在指定工作区域,以免随意走动造成干扰。

（2）场地设施。

满足理论及实践教学的工学一体化教学教室和实训场地。场地面积足够,无障碍物。

（3）工具设备或耗材。

工具设备或耗材见表3-4。

工具设备或耗材　　　　　　　　表3-4

名称及数量	实物图片
毫米波雷达(实验台或实验箱)1个	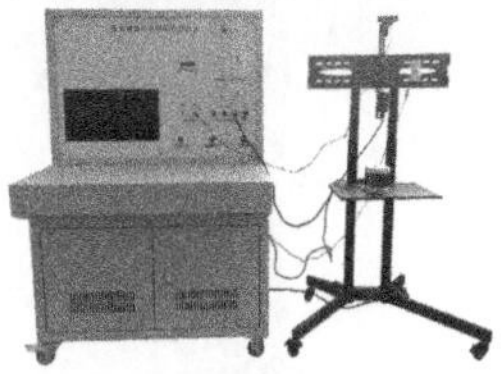
万用表4个	
示波器4个	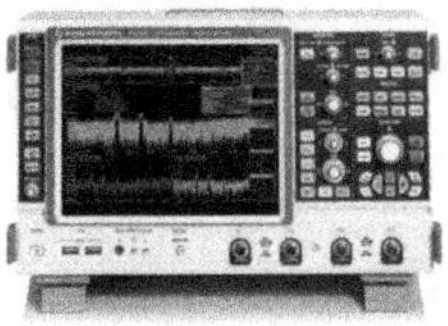

续上表

名称及数量	实物图片
目标模拟器1个	
卷尺1个	

2. 实施步骤

（1）在工作区放置工作牌，将毫米波雷达安装在支架上。

（2）将毫米波雷达 RACN 信号线与控制柜 CAN-H 和 CAN-L 连接，如图 3-54 所示。

图 3-54　毫米波雷达与控制柜连接

（3）打开毫米波雷达控制盒供电开关、电源开关。

（4）在毫米波雷达正前方固定距离放置模拟目标，记录距离。

（5）打开控制柜电源，启动计算机。

（6）启动"Radar Viewer"或其他毫米波测试软件。

（7）对毫米波雷达安装位置进行调整、标定（模拟目标在测试软件中显示信息与实际一致）。

（8）记录软件测试界面的距离、幅度、角度等信息。

（9）记录最远距离测试点位数据，并将测试数据填表 3-5。

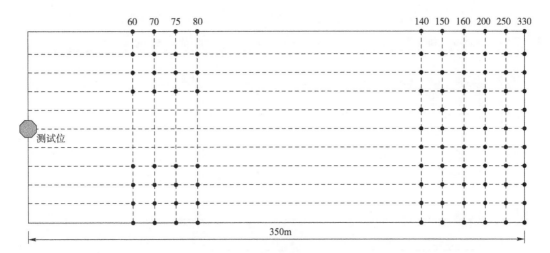

测试数据表　　　　　　　　　　　　　　　　　　表 3-5

序号	设计点坐标 x(m)	设计点坐标 y(m)	实测点 x(m)	实测点 y(m)	实测 RCS(m²)	X 向偏移量 (m)	Y 向偏移量 (m)	可见度
1								
2								
3								

(10) 记录距离精度测试点位数据,并将测试数据填表 3-6。

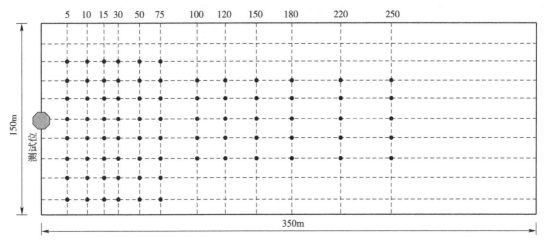

测试数据表　　　　　　　　　　　　　　　　　　表 3-6

序号	坐标 x (m)	坐标 y (m)	实测点 x (m)	X 向偏差 (m)	实测点 y (m)	Y 向偏差 (m)	雷达测量体长(m)	雷达测量体宽(m)
1								
2								
3								

(11)记录目标雷达散射特性及位置中心精度测试数据,并将测试数据填表3-7。

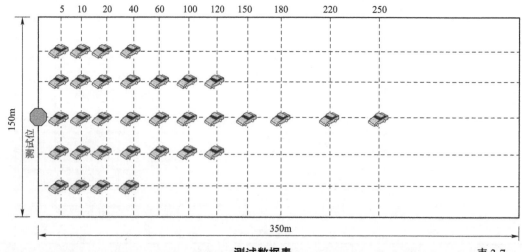

测试数据表　　　　　　　　　　　　　　表3-7

序号	目标车辆类型	车速（km/h）	目标RCS（m²）	DistLong_rms	DistLat_rms	VrelLong_rms	VrelLat_rms	ArelLong_rms
1								
2								
3								

(12)关闭测试界面,启动"USB-CAN TOOL"程序,打开CAN分析仪。

(13)设置设备比特率为500kbit/s,读取CAN分析仪采集的数据。

(14)实时存储CAN分析仪采集到的数据,识别出有效数据。

(15)解析CAN分析仪读取的数据,将十六进制转换为十进制。

(16)将换算的数据和测试软件读出的数据做匹配分析(参考雷达目标格式,计算目标距离)。

(17)将雷达RCAN信号线与示波器通道连接。

(18)通过示波器观察CAN-H和CAN-L波形,保存波形截图。

(19)整理试验场地。

(三)激光雷达装调与测试

1.准备工作

1)任务要求

(1)知道激光雷达的组成和工作原理。

(2)能识别激光雷达。

(3)能熟练使用设备和工具,按流程规范装调与测试激光雷达。

2)组织方式

(1)在教师的引导下分组,以小组为单位学习相关知识;每组人数不少于3人,分别负责主操作、辅助记录、安全监督。

(2)依据操作规范实车认知激光雷达,小组内互相讲述激光雷达的类型、功能与组成。

3)实施准备

(1)安全要求及注意事项。

学员进入实训区,务必穿戴劳动防护用品并严格遵守实训区 5S 作业规程。

严禁非专业人员或无实训教师在场的情况下对实训部件进行移除或安装。

功能检测时,学员应在指定工作区域,以免随意走动造成干扰。

(2)场地设施。

满足理论及实践教学的工学一体化教学教室和实训场地。场地面积足够,无障碍物。

(3)工具设备或耗材。

工具设备或耗材见表 3-8。

工具设备或耗材　　　　　　　　　　　表 3-8

名称及数量	实物图片
激光雷达(实验台或实验箱)1 个	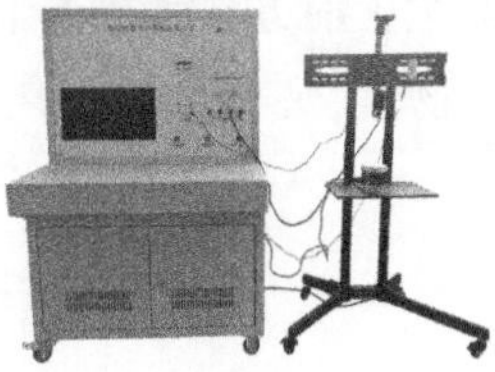
万用表 4 个	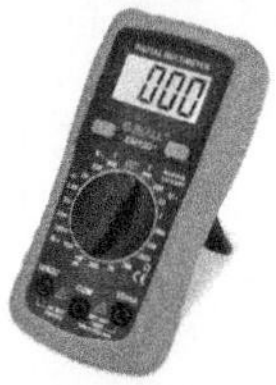
示波器 4 个	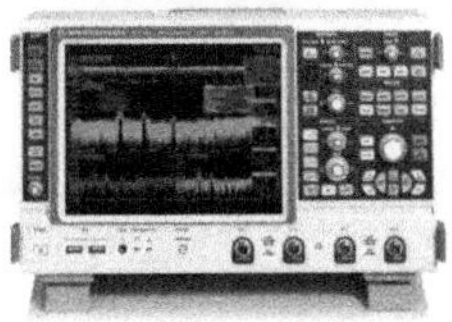
目标模拟器 1 个	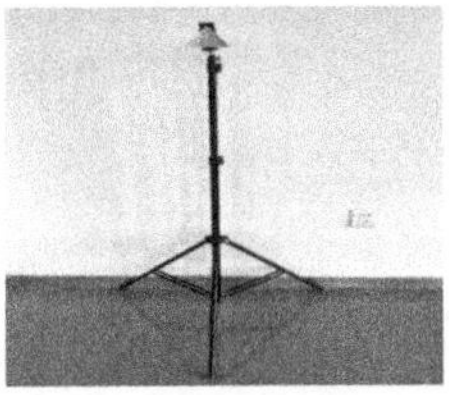

续上表

名称及数量	实物图片
卷尺 1 个	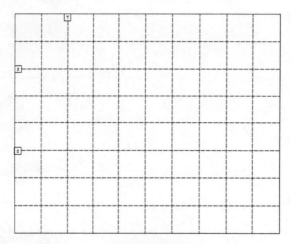

2. 实施步骤

(1)在工作区放置工作牌,将激光雷达安装在支架上,注意平整与无遮挡。

(2)将激光雷达的 USB 接口与实验台 USB 接口连接。

(3)打开计算机的"设备管理器",查看连接硬件的识别端口。

(4)深圳速腾提供 RSVIEW 软件读取设备参数,根据硬件识别端口进行设置。也可以使用其他定制软件。

(5)单击"command-scan"启动激光雷达扫描。

(6)在雷达正前方放置模拟目标,观察扫描的点云图像、角度与距离信息。

(7)移动物体,观察点云变化,并记录在图 3-55 中。

图 3-55 测试数据

(8)单击"set motor PWM",调节激光雷达转速。

(9)连接示波器。

(10)根据激光雷达接口及定义,测试激光雷达供电电压值:_____。

(11)测试激光雷达输出、输入信号波形(比特率 256bit/s),并记录在图 3-56 中。

(12)测试激光雷达 PWM 脉冲调制波形,并记录在图 3-57 中。

(13)清理试验场地。

注:不同激光雷达的标定方法差异较大,车载激光雷达价格贵、扫描精度高、距离远,实验室空间有限会造成干扰。从教学实用性考虑,建议以单线激光雷达为任务载体,具体方法参考产品手册。

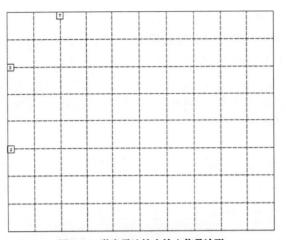

图 3-56　激光雷达输出输入信号波形

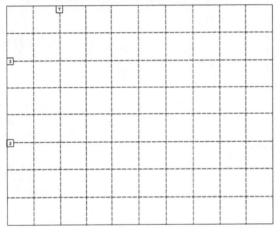

图 3-57　激光雷达 PWM 脉冲调制波形

(四)车载摄像头装调与测试

1. 准备工作

1)任务要求

(1)知道车载摄像头的组成和工作原理。

(2)能识别车载摄像头。

(3)能熟练使用设备和工具,按流程规范装调与测试车载摄像头。

2)组织方式

(1)在教师的引导下分组,以小组为单位学习相关知识;每组人数不少于3人,分别负责主操作、辅助记录、安全监督。

(2)依据操作规范实车认知车载摄像头,小组内互相讲述车载摄像头的类型、功能与组成。

3)实施准备

(1)安全要求及注意事项。

学员进入实训区,务必穿戴劳动防护用品并严格遵守实训区 5S 作业规程。

严禁非专业人员或无实训教师在场的情况下对实训部件进行移除或安装。

功能检测时,学员应在指定工作区域,以免随意走动造成干扰。

(2)场地设施。

满足理论及实践教学的工学一体化教学教室和实训场地。场地面积足够,无障碍物。

(3)工具设备或耗材。

工具设备或耗材见表 3-9。

工具设备或耗材　　　　　　　　表 3-9

名称及数量	实物图片
摄像头(试验台或试验箱)1 个	
目标模拟器 1 个	
卷尺 1 个	

图 3-58　摄像头安装在支架上

2. 实施步骤

(1)在工作区放置工作牌,将摄像头安装在支架上,注意平整与无遮挡,如图 3-58 所示。

(2)将安装摄像头的支架摆放在合适位置。

(3)将摄像头的 USB 接口与_____连接,启动设备,确保摄像头正常。

(4)将目标模拟器置于_____前方,测量模拟器与摄像头的距离和角度,启动计算机摄像头参数标定软件,标定物距、角度等外参。

(5)标定摄像头内部参数(选做),如像素、焦距、图像原点、畸变等的标定。

（6）以车道与行人识别为例进行_____，启动专用标定软件"QYCL carlane"。

（7）将_____置于车道线的正前方，调整摄像头角度及位置，使显示窗口能识别出车道线、行人。

（8）滑动道路上线和道路下线项目，观察车道线识别的区域变化，将软件识别区域与真实区域匹配。

（9）滑动 ROI 区域横、纵坐标位置项目，可对摄像头拍摄的图像进行_____区域识别。

（10）调整 Canny 阈值1和阈值2项目，观察车道线识别的区域变化，将软件识别区域与_____匹配。

（11）滑动 Hough 阈值项目，观察车道线识别区域变化，将软件识别区域与真实区域匹配。

（12）恢复各项目_____，关闭调试软件。

（13）清理试验环境。

（五）评价与反馈

1. 自我评价与反馈(100分)
(1)是否遵守课堂纪律、是否认真听讲，占20%，成绩为_____。
(2)团队合作意识、尊重团队成员(包括老师和其他同学)，占30%，成绩为_____。
(3)学习任务(工作任务)完成情况，占40%，成绩为_____。
(4)5S现场管理及环保意识、成本控制意识，占10%，成绩为_____。
自我评价与反馈的成绩为_____。

2. 小组评价与反馈(100分)
(1)是否遵守课堂纪律、是否认真听讲，占20%，成绩为_____。
(2)团队合作意识、尊重团队成员(包括老师和其他同学)，占30%，成绩为_____。
(3)学习任务(工作任务)完成情况，占40%，成绩为_____。
(4)5S现场管理及环保意识、成本控制意识，占10%，成绩为_____。
小组评价与反馈的成绩为_____。

3. 教师评价与反馈(100分)
(1)是否遵守课堂纪律、是否认真听讲，占20%，成绩为_____。
(2)团队合作意识、尊重团队成员(包括老师和其他同学)，占30%，成绩为_____。
(3)学习任务(工作任务)完成情况，占40%，成绩为_____。
(4)5S现场管理及环保意识、成本控制意识，占10%，成绩为_____。
教师评价与反馈的成绩为_____。

4. 综合评价

综合成绩=自我评价与反馈成绩×30%+小组评价与反馈成绩×40%+教师评价与反馈成绩×30%

综上，综合评价的最终成绩为_____。

思考与练习

一、判断题

1. 超声波雷达能检测到远距离障碍物。（　　）
2. 超声波雷达只能用于泊车。（　　）
3. 毫米波频段没有太过精确的定义,通常将 30～300GHz 的频域(波长为 1～10mm)的电磁波称毫米波。（　　）
4. 目前,汽车毫米波雷达的主要频段为 24GHz 和 77GHz。（　　）

二、选择题

1. 下列选项中哪一项属于超声波雷达（　　）。
   A. 直探头　　　　B. 斜探头　　　　C. 双探头　　　　D. 以上皆是
2. APA 超声波雷达主要用于汽车（　　）的障碍物探测,完成车位寻找与校验工作。
   A. 前后方向　　　B. 左右两侧方向　　C. 前后左右四个方向
3. 激光雷达的分类:按有无机械旋转部件分为（　　）。
   A. 机械激光雷达　　　　　　　B. 固态激光雷达
   C. 混合固态激光雷达　　　　　D. 以上三个都是
4. 激光雷达根据线束数量的多少,可以分为（　　）。
   A. 单线束激光雷达　　　　　　B. 多线束激光雷达
   C. A 和 B
5. 激光雷达特性不包括（　　）。
   A. 单色性　　　　B. 高亮度　　　　C. 高方向性　　　D. 集中性
6. 激光雷达标定的目的是求解激光雷达测量坐标系相对于其他测量坐标系的相对变换关系,以便获取障碍物相对本车的（　　）（　　）（　　）等信息。
   A. 大小　　　　　B. 距离　　　　　C. 速度　　　　　D. 角度
7. 在车载激光雷达的测评中,需要针对测试指标构建车用激光雷达测试场景,不包括建立（　　）。
   A. 试验点　　　　B. 标定场　　　　C. 控制点　　　　D. 检测点
8. 雷达主要测量目标的以下参数:（　　）。
   A. 位置　　　　　B. 速度　　　　　C. 方位角　　　　D. 以上都不是
9. 多线束激光雷达:扫描一次可产生多条扫描线,目前市场上多线束产品有（　　）等。
   A. 4 线束　　　　B. 8 线束　　　　C. 16 线束　　　　D. 32 线束
10. 视觉传感器有两个重要的指标为（　　）和（　　）。
    A. 分辨率　　　　B. 有效像素　　　C. 线束　　　　　D. 以上都不是

导航定位系统

学习目标

▶ **知识目标**

1. 知道卫星定位传感器、惯性导航传感器的工作原理;
2. 掌握卫星定位传感器的检修方法;
3. 掌握惯性导航传感器数据标定方法;
4. 掌握惯性导航传感器的检修方法。

▶ **技能目标**

1. 能完成卫星定位传感器的检修;
2. 能完成定位与惯性导航传感器安装与标定。

▶ **素养目标**

1. 学会自主式学习;
2. 具备团队合作能力;
3. 能积极主动参与任务,能与小组成员团结协作,能执行实训室 5S 规定。

建议课时

8 课时

一、卫星定位系统装调与测试

(一)卫星定位系统认识

1. 定义

全球卫星导航系统(Global Nawigation Satellite System,GNSS)是一个能在地球表面或近地空间的任何地点为用户提供全天候的三维坐标、速度以及时间信息的空基无线电导航定位系统。

2. 卫星定位的特点

1)优点

(1)定位时间短。

(2)定位精度高。

(3)野外观测时不受天气条件以及作业时间的限制。

(4)无须考虑观测点之间的通视情况。

(5)应用范围广。

2)缺点

在地下(如隧道、矿井内)、海底及建筑物内不能应用。

3. 卫星定位导航系统的组成

以美国的 GPS 为例,GPS 主要由三大部分组成:卫星星座(空间部分)、地面监测系统(地面监控部分)和 GPS 接收机(用户设备部分),如图 4-1 所示。

1)空间部分

GPS 空间部分的 24 颗工作卫星分布在倾角为 55°的 6 个轨道平面内,如图 4-2 所示。其中 21 颗是导航卫星,3 颗是活动卫星。24 颗卫星绕地球运行,运行周期约为 12h。每个工作卫星发射导航和定位信号,用户可以使用这些信号来实现导航。

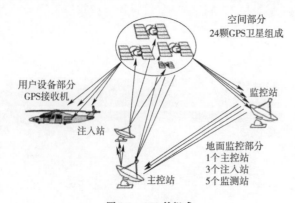

图 4-1 GPS 的组成

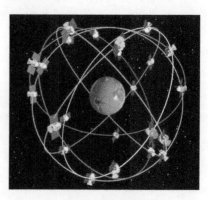

图 4-2 空间部分

2)地面监控部分

地面监控部分组成主要包括 1 个主控站、3 个注入站和 5 个监测站。

(1)主控站的作用。

地面站主要负责对卫星进行实时监测(包括卫星上设备是否正常工作、卫星是否沿轨道运行等);向每颗卫星提供其编写并播发的导航电文,包括卫星星历(即描述卫星运动及其轨道参数的数据)、卫星钟差(时钟修正参数)和大气修正参数等,以保证卫星能够不间断地向地面用户发送准确可靠的导航信号。

(2)注入站的作用。

注入站将主控站需传输给卫星的资料以既定的方式注入卫星存储器中,供卫星向用户发送。

(3)监测站的作用。

连续跟踪观测和接收 GPS 卫星的信号,并监测卫星的工作状态。

3)用户设备部分

用户设备部分如图 4-3 所示,主要由 GPS 接收机、硬件和数据处理软件、微处理机及终端设备组成。GPS 接收机由主机、天线和电源组成。其作用：一是捕获、跟踪并锁定卫星信号；二是对接收的卫星信号进行处理，测量出 GPS 信号从卫星到接收机天线间传播时间；三是译出 GPS 卫星发射的导航电文，实时计算接收机天线的三维位置、速度和时间。

GPS 接收机相当于传感器，只是接收机有复杂的硬件、软件系统构成，已经超出了传感器定义的一般范畴。

图 4-3　用户设备部分

4. 其他卫星导航系统

1) GLONASS(1970's,俄罗斯)

GLONASS 最早开发于苏联时期，后由俄罗斯继续该计划。

GLONASS 空间部分由均匀分布在三个轨道面上的 24 颗卫星组成，轨道倾角为 64.8°，更好地覆盖高纬度地区。

2) GALILEO(伽利略)(1990's,欧盟)

美国 GPS 在局部战争中发挥的重要作用让欧洲国家意识到全球导航定位的重要性，欧盟决定发展自己的全球卫星定位系统——GALILEO。

该系统有 30 颗卫星，具有比目前 GPS 更广的信号覆盖率、更高的定位精度和可靠性。

3) 北斗卫星导航系统(BDS,中国)

北斗一号系统:2000 年底建成，向中国提供服务。

北斗二号系统:2012 年底完成 14 颗卫星发射视网，向亚太地区提供服务。

北斗三号系统:2020 年 6 月 23 日北斗三号最后一颗全球视网卫星升空，向全球提供服务。

(二)导航卫星定位基本原理

1. GPS 技术

每个 GPS 卫星播发一组信号，GPS 卫星播发的信号组如图 4-4 所示。两个不同频率的载波信号(L1 和 L2)，两个不同的测距码信号，C/A 码调制在 L1 载波上，P 码或 Y 码同时调制在 L1 及 L2 载波上。

卫星的轨道信息包括：

(1) C/A 码(Coarse Acqusition Code)又称粗码、捕捉码，码长 1023bit，周期 1ms，码率 1.023MHz，码元宽度 293.1m，供给民用。

(2) P 码(Precise Code)又称精码，码长 2.35~1014bit，周期 1.5，数码率 10.23MHz，码元宽度

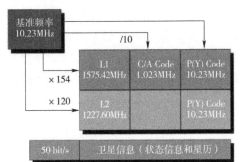

图 4-4　GPS 卫星播发的信号组

29.3m，P 码的频率比 C/A 码高 10 倍，精度更高，供军用。

卫星接收机根据不同的定位方式，将接收到的信号进行不同的处理，得到定位坐标。GPS 至少需要同时接收到四颗卫星的信号才能完成接收机的定位。

2. 差分定位技术

1）伪距测量及伪距单点定位

伪距是指卫星定位过程中，地面接收机到卫星之间存在误差的测量距离。伪距测量就是测定卫星到接收机的距离，每个卫星以 1 次/ms 的频率播发伪随机测距码信号，若信号到达接收机的传播时间为 dT，乘以光速就能求得距离，如图 4-5 所示。

通过 4 颗以上 GPS 卫星的伪距，及从卫星导航电文中获得的卫星瞬时坐标，采用距离交会法就能求出接收机的三维坐标。

2）载波相位测量及载波相位定位

载波相位测量是测定卫星载波信号到接收机天线之间的相位延迟。卫星载波上调制了测距码和导航电文，接收机接收到卫星信号后，先将载波上的测距码和卫星电文去掉，重新获得载波，称为重建载波，接收机将卫星重建载波与接收机内由振荡器产生的本振信号通过相位计比相，即可得到相位差，载波相位测距的卫星信号如图 4-6 所示。

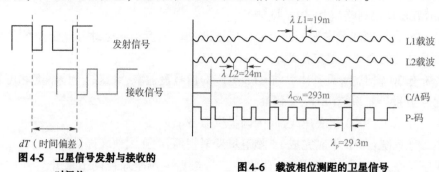

图 4-5　卫星信号发射与接收的时间差

图 4-6　载波相位测距的卫星信号

载波波长 L1 = 19cm，L2 = 24cm，比 C/A 码波长（C/A = 293m）短得多，因此，载波相位定位比伪距定位精度高得多。

3. 实时差分定位

以 GPS 为例，介绍实时差分定位，GPS 实时差分定位原理如图 4-7 所示。在已有的精确地心坐标点上安放 GPS 接收机（称为基准站），利用已知的地心坐标和星历计算卫星观测值的校正值，并通过无线电通信设备（称为数据链）将校正值发送给运动中的 GPS 接收机（称为流动站）。流动站利用校正值对自己的卫星观测值进行修正，以消除上述误差，从而提高实时定位精度。GPS 动态差分方法有多种，主要有位置差分、伪距差分（RTD）、载波相位实时差分（RTK）和广域差分等。

（三）汽车导航系统故障检测

汽车导航显示器显示的位置与实际位置偏离很大，且导航系统无声音引导，显而易见，该车导航系统发生故障。现以一汽威驰轿车为例，说明导航系统的检修方法。导航系统工作原理框图如图 4-8 所示。

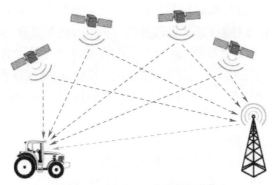

图 4-7 实时差分 GPS 定位原理示意图

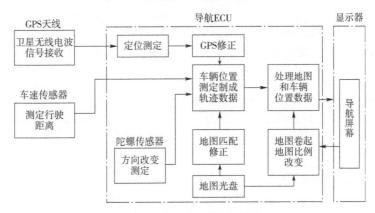

图 4-8 导航系统工作原理框图

1. 故障诊断步骤

威驰轿车导航系统的故障诊断步骤如下：

(1) 对车主所述故障症状进行分析；

(2) 确认故障症状，若症状出现，则进行(5)步，否则进行下一步；

(3) 症状模拟；

(4) 检查故障码，若为正常码，则进行(6)步，否则进行下一步；

(5) 参阅故障码表，然后进行(7)步；

(6) 参阅故障症状表；

(7) ECU 端子检查；

(8) 确认试验；

(9) 进行修理或更换部件和/或线束；

(10) 确认试验；

(11) 结束。

2. 预检查

1) 导航系统正常情况下可能出现的问题

(1) 导航系统即使处于正常状态，但存在以下情况，其也不会执行语音导航：

① 未设定行驶目的地；

②轿车未按指定路线行驶(指示轿车当前位置所剩余距离不显示在地图屏幕左下角);
③未在其他模式中设置导航功能(在这种情况下只有地图屏幕,但无语音提示)。

(2)即使导航系统处于正常状态,而轿车图像在屏幕上是随意转动。若点火开关处于 ACC 或 ON 位置,当轿车正在转弯时,导航系统把记录此时的角速度作为标准图像。为了解决此问题,应在轿车停车时,断开点火开关后再将其置于 ACC 或 ON 位置,并观察此故障是否再次出现。

2)检查故障发生时的位置

检查轿车图像显示错误是否发生在相同或不同地点。注意:当轿车在高速公路上行驶,或在环形路与另外一条道路平行的路面行驶,或轿车刚驶出停车场,此时轿车图像可能偏离其实际所处位置。

3. 威驰轿车导航系统故障症状

威驰轿车导航系统故障症状见表 4-1,其误诊故障实例见表 4-2。

导航系统故障症状表　　　　　　　　　　　表 4-1

流程序号	症状
1	即使按下"PWR/VOL"开关或任何音响开关,屏幕不显示
2	面板开关不起作用
3	虽然按下 PWR/VOL 开关,但听不到声音(显示和开关操作正常)
4	按下 MAP/VOICE、MENU 或 DEST 开关,不显示导航屏幕(不能切换屏幕)
5	导航屏幕不稳定(同步错误)
6	导航屏幕颜色不正常(RGB 信号)
7	按下 MAP/VOICE、MENU 或 DEST 开关时出现黑屏
8	只有前扬声器(驾驶员一侧)无声(收音机、磁带、CD)
9	不能插入地图光盘
10	不出现地图显示屏幕(光盘提示屏幕不变化)
11	显示地图白屏或蓝屏(显示切换和车辆位置标记)
12	灯光控制开关转到 TAIL 位置,屏幕不能变暗
13	触摸开关不起作用(只在导航屏幕)
14	车辆位置严重偏离正确位置
15	GPS 标记不消失
16	无导航声音
17	车辆位置标记失控(地图失控)
18	行驶方向与车辆位置标记的运动方向相反
19	CD 不能插入,或插入后又弹出,或不能播放
20	CD 不能弹出
21	磁带不能插入或播放

续上表

流程序号	症状
22	磁带不能弹出
23	CD 跳音
24	出现噪声
25	不能接收无线电广播(接收效果差)
26	光盘播放器屏幕不显示(声音和屏幕都不切换)
27	只有光盘播放器声音不良(音量低)

导航系统误诊故障实例　　　　　　　　　　　　　　表 4-2

工况	原因	恢复步骤
关闭"PWR/VOL"开关时,屏幕显示"AUDIO OFF"	"PWR/VOL"开关关闭音响,但不关闭屏幕,要关闭屏幕必须按下"SCREEN OFF"	按"DISPLAY"开关→按屏幕上的"SCREEN OFF"开关

4.常见故障排除

1)按下 MAP/VOICE、MENU 或 DEST 开关时不显示导航屏幕(不能切换屏幕)故障的检查

(1)检查用电路如图 4-9 所示。

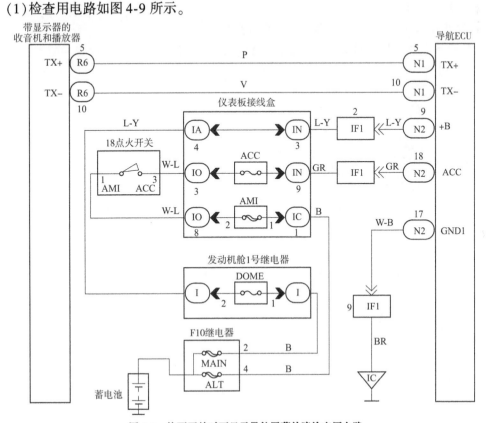

图 4-9　按下开关时不显示导航屏幕故障检查用电路

(2)检查程序:

①维修检查模式(导航)。

②在不拔下导航 ECU 线束连接器的情况下拆下导航 ECU,并检测图 4-10 所示导航 ECU 线束连接器端子 +B、ACC 分别与 GND 间电压,其值应符合规定。检查图 4-10 所示端子 GND 与搭铁间的导通性,应导通。若检查结果正常,则进行下一步,否则,应修理或更换线束。

③检查线束及其连接器(收音机总成与导航 ECU 间)。

2)轿车严重偏离正确位置故障的检查

(1)检查显示屏。

(2)检查何时发生偏离。

(3)显示功能检查。

(4)导航检查模式。

(5)再次检查和操作。若仍不正常,则检查导航 ECU,必要时予以更换。

(6)检查导航 ECU。

3)导航标记不出现故障的检查

(1)检查标记显示。

(2)检查选装附件。

(3)检查导航天线总成。

4)轿车位置标记失控(地图失控)故障的检查

(1)检查电路。轿车位置标记失控故障检查参考电路如图 4-11 所示。

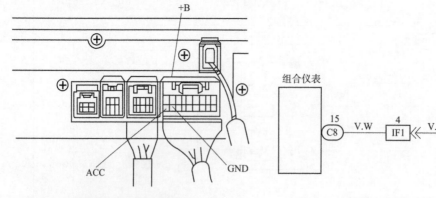

图 4-10　端子间电压检测　　图 4-11　轿车位置标记失控故障的检查电路

(2)检查程序。

①再次检查和操作。

②导航检查模式。

③检查导航 ECU。

5)行驶方向与轿车位置标记运动方向相反故障的检查

(1)检查电路。行驶方向与轿车位置标记运动方向相反故障的检查参考电路如图 4-12 所示。

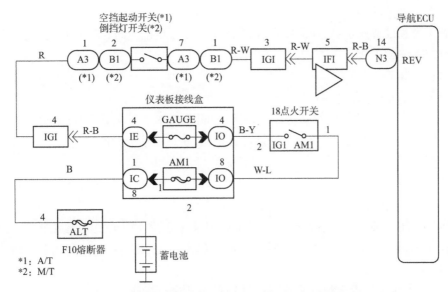

图 4-12　行驶方向与轿车位置标记运动方向相反故障的检查电路

（2）检查程序。

① 导航检查模式。启动诊断系统，检测导航检查模式 REV 信号的结果如图 4-13 所示。若输入信号正常，则检查导航 ECU，必要时予以更换，否则，应进行下一步。

② 检查导航 ECU。在不拔下导航 ECU 线束插接器的情况下，拆下导航 ECU，如图 4-14 所示，检测导航 ECU 线束插接器端子 REV 与 GND 间电压。若其值在接通点火开关并把变速杆置于倒挡时为 10～14V，则检查导航 ECU，必要时予以更换，否则，应修理/更换线束或线束插接器。

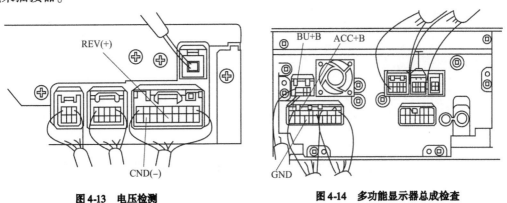

图 4-13　电压检测　　　　**图 4-14　多功能显示器总成检查**

③ 检查导航 ECU 完毕后，故障排除，导航 ECU 拆装复位，把导航装配好，收拾工具，5S 整理。

（四）定位与惯性导航传感器标定

1. 设备或仪器

定位与惯性导航传感器（试验台或试验箱）、线控底盘或实车。

2. 安全要求与注意事项

注意人身和设备安全；场地面积足够，无障碍物；功能检测时，学员应在指定工作区域，以免随意走动造成干扰。

3. 工作步骤

(1) 陀螺仪标定采用速率标定方式。

将 IMU 固定于三轴转台的平台上，通过给定固定速率值测量其对应输出的方式进行试验。在工作区放置工作牌，将传感器安装在支架上，注意平整与无遮挡。

(2) 系统初始化。

将待标定 IMU 安装至三轴转台，IMU 的轴向与转台轴向平行，系统开机初始化。

(3) X 轴陀螺仪标定数据采集。

使转台 X 轴正转，Y、Z 轴静止，速率稳定后记录 X、Y、Z 轴的陀螺仪输出数据；之后转台 X 轴反转，角速度与之前相同，Y、Z 轴静止，速率稳定后记录 X、Y、Z 轴的陀螺仪输出数据，完毕后转台停止旋转。

(4) Y、Z 轴陀螺仪标定数据采集，参考(3)的方式进行操作。

(5) 求取步骤(3)(4)中各次角速度试验中的角速度平均值，用于标定计算。

(6) IMU 加速度计六面法标定。

(7) 将 IMU 放置于六面立方体上，顺序翻转 6 次，分别采集 6 个状态的加速度计静态数据，用于校正。

(8) 其他惯性导航传感器的实物安装、初始化和标定过程，根据原厂产品手册进行。

(9) 恢复各项目初始位置，关闭调试软件。

(10) 清理试验环境。

二 惯性导航系统装调与测试

(一) 惯性导航系统

惯性导航系统实际上是通过电子陀螺仪测定汽车转弯角速度，来确定汽车行驶方向变化的，因此，也叫偏航速率传感器。图 4-15 所示为其组成框图。

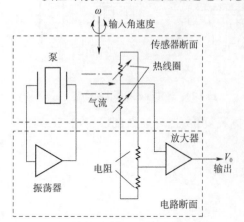

图 4-15 陀螺仪传感器组成框图

(二) 惯性导航传感器

1. 惯性导航传感器的组成

一个惯性导航传感器通常集成多个陀螺仪和多个加速度传感器。随着技术发展，惯性导航传感器的发展趋势是其与 GPS 定位传感器融合集成为一个传感器。

1) 陀螺仪

陀螺有多种类型，根据陀螺转子主轴的进动程度可分为二自由度陀螺和单自由度陀螺。根据支撑系统可分为滚珠轴承陀螺、液浮/气浮和磁悬浮陀螺、挠性陀螺和静电陀螺。根据物理原理可分为转子陀螺、半球谐振陀螺、微机械陀螺、环形激光陀螺和光纤陀螺。

如图4-16所示,转子陀螺转子可以在内部框架内高速旋转。内框可以绕内框轴相对于外框自由转动,外框绕外框轴相对于支架自由转动,两个旋转的角速度称为牵连角速度。旋转轴、内框架轴和外框架轴的轴线相交于一点,称为陀螺支点,整个陀螺可以围绕支点任意旋转。

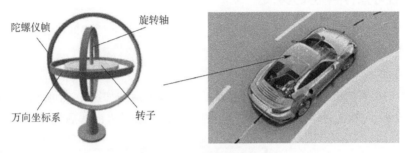

图4-16 陀螺仪工作原理图

一般的陀螺仪由梳子结构的驱动部分和电容板形状的传感部分组成。电容板形状的传感部分如图4-17所示。

微电子机械系统（Microelectro Mechanical Systems, MEMS）陀螺仪主要利用科里奥利力（旋转物体在有径向运动时所受到的切向力）原理,利用振动来诱导和探测科里奥利力。核心是一个微加工机械单元,在设计上按照一个音叉机制共振运动,通过科里奥利力原理把角速率转换成一个特定感测结构的位移。产生的科

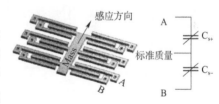

图4-17 电容板形状的传感部分

氏力使感测质量发生位移,位移大小与所施加的角速率大小成正比。位移将会在定子和转子之间引起电容变化。

2）加速度传感器

6轴MEMS加速度传感器工作原理是靠MEMS中可移动部分的惯性,由于中间电容板的质量很大,而且它是一种悬臂构造,当速度变化或者加速度足够大时,它所受到的惯性力超过固定或者支撑它的力,这时候它会移动,它跟上下电容板之间的距离就会变化,上下电容就会因此变化,电容的变化跟加速度成正比。电容的变化会被另外一块专用芯片转化成电压信号,有时这个电压信号还会被放大。电压信号在数字化后经过一个数字信号处理过程,在零点和灵敏度校正后输出。

2. 惯性导航传感器的优缺点

1）优点

（1）无信号丢失等问题。

（2）全自主式、全天候、不受外界环境的干扰影响。

（3）更新频率比较高。

2）缺点

（1）存在偏移误差。

（2）存在比例误差。

（3）存在背景白噪声。

（4）误差会随着温度而变化。

（5）随着时间的推进，位移的误差会不断积累。

(三)惯性导航传感器数据标定

GPS 定位和惯性定位的优缺点都很突出，现在通常采用多传感器融合技术将 GPS 定位和惯性测量相结合。

1.设备安装

（1）CGI-610 高精度 MEMES 组合导航接收机安装示意图如图 4-18 所示。GNSS 天线分别旋拧到两个强磁吸盘上并分别固定摆放在测试载体的前进方向和后退方向上。

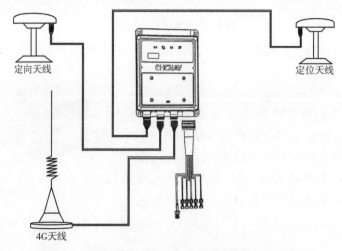

图 4-18　CGI-610 高精度 MEMES 组合导航接收机安装示意图

（2）尽可能地将其安置于测试载体的最高处以保证能够接收到良好的 GNSS 信号。

（3）同时要保证两个 GNSS 天线相位中心形成的连线与测试载体中心轴线方向一致或平行。

（4）将 CGI-610 主机安装在载体上，主机铭牌上标示的坐标系 XOY 面尽量与载体被测基准面平行，X 轴与载体前进方向中心轴线平行。

（5）CGI-610 主机单元必须与被测载体固连，主机安装底面应平行于被测载体的基准面，主机铭牌上标示的 X 轴指向必须与被测载体的前进方向一致，CGI-610 主机安装如图 4-19 所示。

（6）在 CGI-610 主机 SIM 卡槽位置插入 SIM 卡，连接 4G 网络天线，正常供电。

（7）用计算机或手机连接设备的 WIFI 信号，在浏览器地址栏输入 192.168.200.1，登录账号：admin，密码：password。

(8)登录网页以后,可查看接收机的各类状态数据。

(9)检查主机工作是否正常,接收机位置、接收机活动及 Google Map 等相关信息。

(10)在"接收机位置"中,可查看当前接收机的概略位置、DOP 值与使用的卫星、跟踪到的卫星及接收机时钟。

(11)进入卫星界面可以看到接收机跟踪到的卫星。

(12)分别用列表和图表的形式展现跟踪到的每一颗卫星的相关信息,包括卫星编号、卫星类型、高度角、方位角、L1 信噪比、L2 信噪比、L5 信噪比和是否使用等。

(13)进入 I/O 设置界面,可查看仪器的搜星状态、固件升级、工作状态等。

(14)进入到 IO 配置界面,选择"RTK 客户端",连接协议选择 NTRIP/TCP/APIS 协议,输入账号密码。

(15)进入"惯导"配置界面,可进行接收机的融合数据设置和车辆参数设置。

(16)融合数据设置,选择串口要输出的数据格式打"√",设置输出频率,点击"保存"。

(17)输出频率可选择 1/5/20/20/100Hz。

图 4-19　CGI-610 主机安装示意图

2. 工作模式设置

(1)针对不同的应用场景,设备共支持 4 种工作模式,分别为车载模式(适用于一般汽车,最大速度大于 15km/h),低速模式(一般应用于巡航机器人,最大速度小于 15km/h),轨道交通(适用于高铁、火车等),农机(适用于农业拖拉)。

(2)进行车辆参数设置。

①设置输出参考点位。

②定位天线到后轮中心杆臂。

③GNSS 定向基线与车辆坐标系夹角。

④惯导到 GNSS 定位主天线矢量。

⑤轮距。

3. 数据输出与解析

点击左侧 I/O 设置界面,选择想要数据输出的串口,点击右侧"设置"按钮,进行波特率的设置。

串口(BD9)对应线缆的 A_RS232 接口,可设置波特率以及 nmea-0183 数据输出,串口 C 和串口(422)对应线缆的 C_RS232 接口和 RS422 接口,可设置波特率,数据输出格式在惯导设置里面设置。

(四)惯性导航传感器的检修

1. 导航系统的故障码读取

导航系统的故障诊断可以采用 V.A.G1551、V.A.G1552 及 VAS5051 进行。检测仪的连接如图 4-20 所示。

2. 导航系统的检修

以宝来轿车为例,查出导航系统的故障码后,按表 4-3 所列出的故障原因与排除方法进行检修。

图 4-20 检测仪的连接

宝来轿车导航系统的故障码及含义 表 4-3

故障码	症状与现象	故障原因	故障排除
668	接线柱 30 电压信号太弱,导航功能不全	蓄电池电压低于 9.5V 蓄电池不能充电 蓄电池损坏 交流发电机损坏	检查蓄电池 必要时充电 检查交流发电机
00854	组合仪表上收音机频率显示输出无法通信,在收音机/导航系统和组合仪表之间没有数据传递	导线断路 收音机/导航系统损坏 组合仪表损坏	按电路检查导线 让组合仪表自诊断 更换组合仪表 更换导航系统
00862	导航天线(GPS)1150/R52 断路/短路/对地短路,导航功能不正常	导线断路 导航天线(GPS)损坏	按电路检查导线 检查导航天线 更换导航系统
00867	连接 ABS 控制单元无信号,导航功能不正常	导线断路 ABS 传感器损坏 ABS 控制单元损坏	进行车轮脉冲数/轮胎自适应 进行 ABS 自诊断 按电路检查导
01311	数据总线信息无信号,音响系统(DSP)功能不正常	导线断路 收音机/导航系统损坏 音响系统(DSP)损坏	按电路检查导线
65535	控制单元损坏收音机/导航系统功能不正常	收音机/导航系统损坏	更换收音机/导航系统

3. 汽车导航系统常见故障的原因及检修方法

汽车导航仪常见故障有显示屏不显示、导航主机不读盘、电子地图突然出现一片空白等。产生上述故障的原因及检修方法见表4-4。

汽车导航仪常见故障现象、故障原因及检修方法　　　　　表4-4

序号	故障现象	故障原因	检修方法
1	显示屏上GPS图标颜色呈灰或不显示	卫星信号弱	检查导航天线有没有接好,导航天线位置放置是否正确
			检查车体周围有无屏蔽物遮挡,应将车辆移到户外空旷处继续检查
		导航没有接收到卫星信号	检查前风窗玻璃是否贴有太阳膜,如果有,应改变导航仪天线的位置(或使用延长线将导航仪天线移到没有贴太阳膜的玻璃处或接出车外)进行试验,如果没有信号出现,说明导航天线或导航项目性能不良
2	使用音响时,显示屏可以正常显示,但是开启导航功能后显示屏无显示	导航主机或导航项目的故障	更换导航主机或导航项目
3	在正常导航时,电子地图突然不变化或出现一片空白	车速过高显示比例尺设置过大	车速>140km/h 易出现此故障,降低车速
4	导航状态下有杂音	发动机对导航电源干扰引起的故障	在导航连接线的导航端插座线上的黄色线上,串上电源滤波器,可减少来自发动机形成的电源干扰

拓展阅读

在主流自动驾驶解决方案中,惯性-卫星组合导航系统和摄像头、激光雷达、毫米波雷达等传感器共同来帮助车辆完成自主定位导航。惯性-卫星组合导航系统充分利用惯性导航系统和卫星导航系统的优点,基于最优估计算法融合两种导航数据,获得最佳的导航结果。尤其是当卫星导航系统无法工作时,单独利用惯性导航依然能够确保系统在较长时间内的正常工作,提高了系统的稳定性和可靠性。

技能实训

(一)导航定位系统装调与测试

1. 准备工作

1)任务要求

(1)知道惯性导航传感器的组成和工作原理。

(2)能识别惯性导航传感器。

(3)能熟练使用设备和工具,按流程规范装调与测试惯性导航传感器。

2)组织方式

(1)在教师的引导下分组,以小组为单位学习相关知识;每组人数不少于3人,分别负责主操作、辅助记录、安全监督。

(2)依据操作规范实车认知超声波传感器系统,小组内互相讲述惯性导航传感器的类型、功能与组成。

3)实施准备

(1)安全要求及注意事项。

学员进入实训区,务必穿戴劳动防护用品并严格遵守实训区5S作业规程。

严禁非专业人员或无实训教师在场的情况下对实训部件进行移除或安装。

功能检测时,学员应在指定工作区域,以免随意走动造成干扰。

(2)场地设施。

满足理论及实践教学的工学一体化教学教室和实训场地。场地面积足够,无障碍物。

(3)工具设备或耗材。

工具设备或耗材见表4-5。

工具设备或耗材 表4-5

名称	对应图片
定位与惯性导航传感器 (试验台或试验箱)	
线控底盘或实车	

2. 实施步骤

(1)网上查找资料,了解北斗卫星的组成及其作用,完成表4-6。

北斗卫星定位传感器的组成及作用　　　　　　　　　　　　表 4-6

组成	作用
空间段	
地面段	
用户段	

(2)陀螺仪标定采用速率标定方式。将 IMU 固定于三轴转台的平台上,通过给定固定速率值测量其对应输出的方式进行实验。在工作区放置工作牌,将传感器安装在支架上,注意平整与无遮挡。

(3)将待标定 IMU 安装至三轴转台,IMU 的轴向与转台轴向平行,系统开机初始化。

(4)X 轴陀螺仪标定数据采集。使转台 X 轴正转,Y、Z 轴静止,速率稳定后记录 X、Y、Z 轴的陀螺仪输出数据;之后转台 X 轴反转,角速度与之前相同,Y、Z 轴静止,速率稳定后记录 X、Y、Z 轴的 MEMS 陀螺仪输出数据,完毕后转台停止旋转。记录在表 4-7。

陀螺仪输出数据表　　　　　　　　　　　　表 4-7

转台 X 轴正转,Y、Z 轴静止	X 轴输出数据 =
	Y 轴输出数据 =
	Z 轴输出数据 =
转台 X 轴反转,Y、Z 轴静止	X 轴输出数据 =
	Y 轴输出数据 =
	Z 轴输出数据 =

(5)Y、Z 轴陀螺仪标定数据采集,记录在表 4-8,记录在表 4-8 参考步骤(3)的方式进行操作。

陀螺仪标定数据表　　　　　　　　　　　　表 4-8

转台 Y 轴正转,X、Z 轴静止	X 轴输出数据 =
	Y 轴输出数据 =
	Z 轴输出数据 =
转台 Y 轴反转,X、Z 轴静止	X 轴输出数据 =
	Y 轴输出数据 =
	Z 轴输出数据 =

续上表

	X轴输出数据 =
转台Z轴正转,X、Y轴静止	Y轴输出数据 =
	Z轴输出数据 =
	X轴输出数据 =
转台Z轴反转,X、Y轴静止	Y轴输出数据 =
	Z轴输出数据 =

(6)求取步骤(4)(5)中各次角速度实验中的角速度平均值,用于标定计算。

角速度平均值 = _____。

(7)IMU加速度传感器六面法标定(图4-21)。

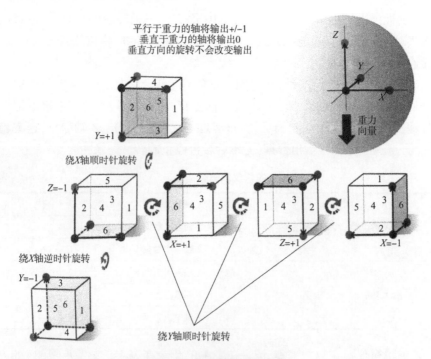

图4-21 加速度计六面法标定

(8)将IMU放置于六面立方体上,按照图4-21所示顺序翻转6次,分别采集6个状态的加速度传感器静态数据,记录在表4-9中,用于校正。

加速度传感器静态数据　　　　　　　　　表4-9

状态	加速度	状态	加速度
状态1		状态4	
状态2		状态5	
状态3		状态6	

(9)其他惯性导航传感器的实物安装、初始化和标定过程,根据原厂产品手册进行。

(10)恢复各项目初始位置,关闭调试软件。

(11)清理试验环境。

(二)评价与反馈

1. 自我评价与反馈(100 分)

(1)是否遵守课堂纪律、是否认真听讲,占 20%,成绩为_____。

(2)团队合作意识、尊重团队成员(包括老师和其他同学),占 30%,成绩为_____。

(3)学习任务(工作任务)完成情况,占 40%,成绩为_____。

(4)5S 现场管理及环保意识、成本控制意识,占 10%,成绩为_____。

自我评价与反馈的成绩为_____。

2. 小组评价与反馈(100 分)

(1)是否遵守课堂纪律、是否认真听讲,占 20%,成绩为_____。

(2)团队合作意识、尊重团队成员(包括老师和其他同学),占 30%,成绩为_____。

(3)学习任务(工作任务)完成情况,占 40%,成绩为_____。

(4)5S 现场管理及环保意识、成本控制意识,占 10%,成绩为_____。

小组评价与反馈的成绩为_____。

3. 教师评价与反馈(100 分)

(1)是否遵守课堂纪律、是否认真听讲,占 20%,成绩为_____。

(2)团队合作意识、尊重团队成员(包括老师和其他同学),占 30%,成绩为_____。

(3)学习任务(工作任务)完成情况,占 40%,成绩为_____。

(4)5S 现场管理及环保意识、成本控制意识,占 10%,成绩为_____。

4. 综合评价

综合成绩 = 自我评价与反馈成绩 × 30% + 小组评价与反馈成绩 × 40% + 教师评价及反馈成绩 × 30%

综上,综合评价的最终成绩为_____。

思考与练习

一、判断题

1. 陀螺仪主要利用旋转物体在有径向运动时受到切向力的原理,用振动来诱导和探测科里奥利力。( )

2. 与大地固连的坐标系是否为惯性系,要根据具体问题来决定。( )

3. 相对于惯性系或匀速直线运动的系统也是惯性系。( )

二、选择题

1. GPS 接收机由( )( )和( )组成。
   A. 主机　　　　　B. 天线　　　　　C. 电源　　　　　D. 以上都不是

2. GPS 定位包括( )定位、( )定位和( )定位。

A.伪距单点定位　　B.载波相位定位　　C.实时差分定位　　D.以上都不是

3.卫星导航系统由地面控制部分、(　　)和用户设备部分三部分组成。

　　A.空间部分　　B.主控站　　C.地面通信　　D.通信辅助系统

4.GPS的空间部分的24颗工作卫星组成一个GPS卫星组,其中(　　)颗是导航卫星,3颗是活动卫星。

　　A.20　　B.18　　C.21　　D.24

5.用户设备部分包括卫星导航接收器和(　　)。

　　A.地面通信　　B.卫星天线　　C.通信辅助系统　　D.空间部分

6.GPS组成中的地面控制部分有(　　)个主控站,(　　)个注入站,(　　)个监测站。

　　A.1　3　3　　B.1　3　5　　C.1　2　3　　D.2　3　5

7.分别用列表和图表的形式展现跟踪到的每一颗卫星的相关信息,包括(　　),方位角,L1信噪比,L2信噪比,L5信噪比和是否使用等。

　　A.卫星编号　　B.卫星类型　　C.高度角　　D.以上都是

8.进入"惯导"配置界面,可进行接收机的融合数据设置和(　　)设置。

　　A.车辆参数　　B.数据参数　　C.车辆高度　　D.数据变化

9.惯性传感器定位的特点(　　)。

　　A.无信号丢失问题　　　　　　B.外界环境干扰较小

　　C.不存在比例误差　　　　　　D.误差不会累积

10.惯性导航传感器不能够测量(　　)。

　　A.位移　　B.加速度　　C.振动　　D.冲击

车载网络技术

学习目标

▶ 知识目标

1. 知道车载网络的发展趋势、分类以及应用；
2. 知道 V2X 与移动网络通信技术；
3. 知道 CAN 总线、LIN 总线结构及原理；
4. 能按流程规范检修 CAN 总线故障及 LIN 总线故障。

▶ 技能目标

1. 能读取 CAN 总线和 LIN 总线波形；
2. 能对 CAN 线和 LIN 线进行检测。

▶ 素养目标

1. 学会自主式学习；
2. 具备团队合作能力；
3. 能积极主动参与任务，能与小组成员团结协作，能执行实训室 5S 规定。

建议课时

16 课时

一 车载网络认知

(一) 车载网络的定义

车载网络是基于 CAN、LIN、FlexRay、MOST、以太网等总线技术建立的标准化整车网络，实现车内各电器、电子单元间的状态信息和控制信号在车内网上的传输，使车辆具有状态感知、故障诊断和智能控制等功能。

(二) 车载网络技术的发展历程

汽车电子技术在经历了零部件层次的汽车电器时代、子系统层次的单片机(汽车电脑)

控制时代之后,已经开始进入汽车网络化时代,并向汽车信息化时代迈进。按照电子产品和电子控制系统的技术特点,可将汽车电子技术的发展划分为四个阶段。

1. 第一阶段——零部件层次的汽车电器时代

1965~1980年属于零部件层次的汽车电器时代。汽车发电机晶体管电压调节器(图5-1)和晶体管点火装置等开始装备汽车,而且电子控制装置又逐步实现了由分立元件向集成化的过渡。

图5-1 晶体管电压调节器

这一阶段,装备汽车的其他电子装置还有转向系统电子式闪光器(图5-2)、电子控制式喇叭、数字时钟(图5-3)、电子式间歇刮水控制器(图5-4)及高能点火(HEI)线圈(图5-5)和集成电路点火系统等。

图5-2 电子式闪光器　　　　　图5-3 数字时钟

图5-4 电子式间歇刮水控制器　　　图5-5 高能点火线圈

2. 第二阶段——子系统层次的汽车电脑控制时代

1980~1995年属于子系统层次的汽车单片机(汽车电脑)控制时代。在这一时期,单片机(微处理器)在汽车上得到广泛应用,以单片机为控制核心,以实现特定控制内容或功能为基本目的的各种电子控制系统得到了迅速发展,电子点火系统如图5-6所示。

进入20世纪90年代,出现全面、综合的电子控制系统,如图5-7所示。

电子控制技术在汽车上的广泛应用,不仅拓展了电子控制的功能和控制内容,提高了控制精度和汽车性能,而且也为汽车网络技术的发展奠定了坚实的基础。

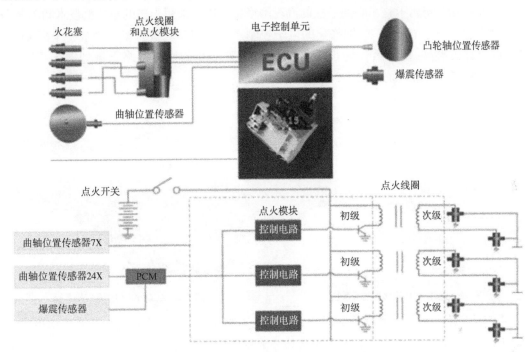

图 5-6 电子点火系统组成示意图

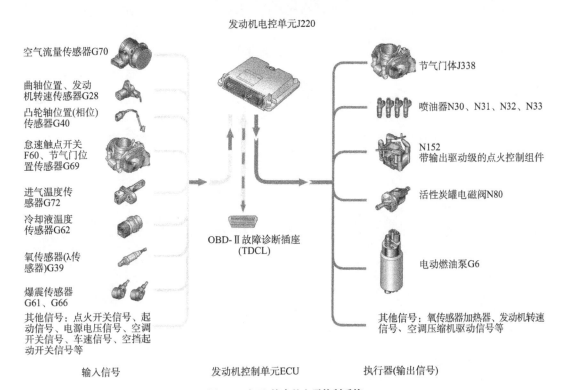

图 5-7 全面、综合的电子控制系统

3. 第三阶段——整车联网层次的汽车网络化时代

1995~2010年属于整车联网层次的汽车网络化时代。采用先进的单片机技术和车载网络技术，形成了车上的分布式、网络化的电子控制系统。整车电气系统被连成一个多ECU、多节点的有机整体，使得其性能也更加完善。BMW E60的汽车网络系统如图5-8所示，AUDI A4的汽车网络系统如图5-9所示。

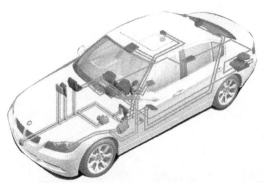
图5-8 BMW E60的汽车网络系统

图5-9 AUDI A4的汽车网络系统

目前，世界主要汽车制造商生产的多数汽车上均采用了以CAN、LIN、MOST、DDB等为代表的网络控制技术，将车辆控制系统简化为节点项目化。

在基于现场总线的分布式控制中，任何传统意义上的传感器和执行器都可以与同一现场的节点相组合，构成节点项目。汽车网络技术进一步优化了汽车的控制系统，极大地提升了汽车的整体控制水平。

4. 第四阶段——以Telematics技术为代表的汽车信息化时代

2010年7月，国际Telematics产业联盟（ITIF）成立大会暨2010首届国际Telematics产业发展高峰论坛在广东省佛山市隆重举行（图5-10）。以此为标志，2010年成为汽车信息化时代的发轫之年。

汽车网络技术是现代汽车电子技术的重要组成部分，也是现代汽车通信与控制的基础。伴随着汽车网络技术的日趋成熟，汽车电子技术开始向信息化时代迈进，如图5-11所示。

图5-10 国际Telematics产业联盟（ITIF）成立大会

图5-11 汽车电子技术信息化

网络化时代的汽车电子技术注重解决汽车内部各个系统之间的信息交换问题,而信息化时代的汽车电子技术则可以实现车内网络与车外网络之间的信息交换,全面解决人—车—外部环境之间的信息交流问题,如图5-12所示。

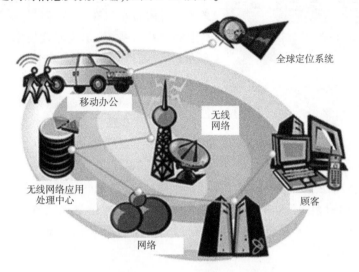

图5-12 全面实现人—车—外部环境之间的信息交流

(三)车载网络技术的发展趋势及 Telematics 技术

汽车技术的发展脚步远未停止,在主要以动力传动、车身控制、行驶安全性、多媒体传输为主要控制目标的汽车网络技术逐步完善、日趋成熟的同时,又开始向汽车信息化时代迈进。可以预见,在不远的未来,汽车将进入以 Telematics 技术为代表的信息化时代(图5-13)。

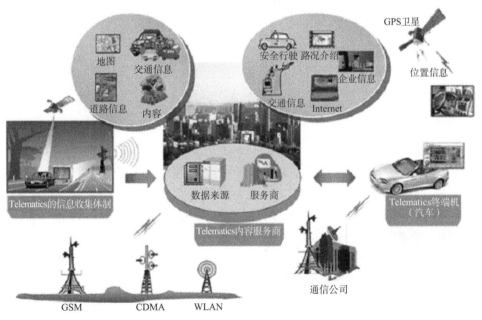

图5-13 汽车将进入信息化时代

1. Telematics 简介

Telematics 是远程通信技术（Telecommunications）与信息科学技术（Informatics）的合成词，可定义为通过内置在汽车、航空器、船舶、火车等运输工具上的计算机系统、无线通信技术、卫星导航装置，实现文字、图像、语音信息交换的综合信息服务的车载电脑系统，其信息交换过程如图 5-14 所示。

也就是说，Telematics 随时给行车中的人们提供驾驶、生活、娱乐所必需的各种信息，是未来的车载网络技术的发展趋势。

图 5-14　Telematics 信息交换过程示意图

2. Telematics 的功能

Telematics 特点在于大部分的应用系统位于网络上（如通信网络、卫星与广播等）而非汽车内。驾驶者可运用无线传输的方式，联结网络传输和接收信息与服务，以及下载应用系统或更新软件等，所耗的成本较低，主要功能仍以行车安全与车辆保全为主。Telematics 的主要功能如图 5-15 所示。

图 5-15　Telematics 的主要功能

3. Telematics 的应用领域

Telematics 在汽车上的布置可分为前座系统、后座系统与发动机系统三大子系统，如图 5-16 所示。

（1）前座系统主要以行车安全、车辆保全、驾驶方便性与舒适性为主要目标。

为了避免造成驾驶者分神，前座系统的信息输入方式主要采用语音输入或触摸屏（触控面板）；信息输出方式则为中尺寸面板（LCD 或 OLED）、语音输出或投射在汽车前风窗玻璃的抬头显示（Head-Up Display，HUD）等，如图 5-17 所示。

（2）后座系统则以多媒体娱乐为主，包括互动式游戏、高保真音响视听系统、随选视频资讯、数字广播与数字电视等，如图 5-18 所示。

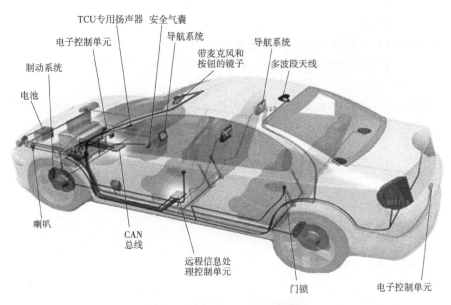

图 5-16 Telematics 在汽车上的布置

图 5-17 宝马(BMW)汽车行车信息的抬头显示技术图

图 5-18 后座多媒体影音娱乐系统(BENZ)

(3)发动机系统主要是根据汽车电脑所收集的车况信息,进行车况诊断、行车效率最佳化、远程发动机调整或零件预订等。

从上述分析不难看出,Telematics 技术基于 GPS 技术、地理信息系统(Geographic Information System,GIS)技术、智能交通系统(Intelligent Transport System,ITS)技术和无线通信技术。

Telemetric 的发展水平体现了一个国家的综合科技实力,Telemetric 已经成为世界各国竞相研发的技术热点之一。

(四)车载网络的分类

1. 按网络拓扑结构分类

网络的拓扑结构(Topological Structure)是指网上计算机或设备与信息传输介质形成的节点与数据传输线的物理构成模式。车载网络的拓扑结构主要有线形结构、星形结构、环形结构等。

1)线形拓扑结构

线形拓扑结构是一种信道共享的物理结构,如图 5-19 所示。这种结构中总线具有信息的双向传输功能,普遍用于控制器局域网的连接。总线一般采用同轴电缆或双绞线。

2)星形拓扑结构

星形拓扑结构是一种以中央节点为中心,把若干外围节点连接起来的辐射式互联结构,如图 5-20 所示。这种结构适用于局域网。

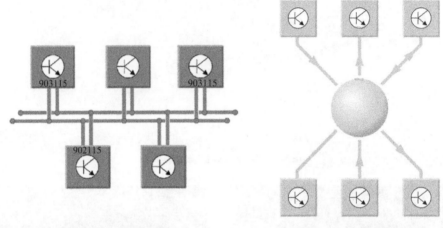

图 5-19　线形拓扑结构　　　　　　　图 5-20　星形拓扑结构

3)环形拓扑结构

环形拓扑结构由各节点首尾相连形成一个闭合环形线路,如图 5-21 所示。环形网络中的信息传送是单向的,即沿一个方向从一个节点传到另一个节点;每个节点需安装中继器,以接收、放大、发送信号。图 5-22 所示为 BMW 车系影音娱乐系统 MOST 总线采用的环形拓扑结构。

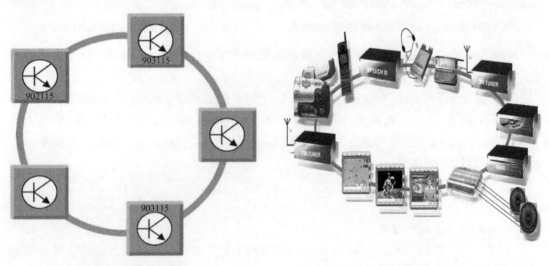

图 5-21　环形拓扑结构　　　　　　　图 5-22　BMW 车系影音娱乐系统 MOST 总线采用环形拓扑结构

2. 按联网范围和控制能力分类

总线按联网范围分为主总线系统、子总线系统。

主总线系统负责跨系统的数据交换,主总线系统相关参数见表5-1。

主总线系统相关参数　　　　　　　　　　　　　　　　　表5-1

主总线系统名称	数据传输速率	总线拓扑结构	传输介质
K 总线	9.6kbit/s	线形,单线	铜质电线
D 总线	10.5～115kbit/s	线形,单线	铜质电线
CAN	100kbit/s	线形,双线	铜质电线
K-CAN	100kbit/s	线形,双线	铜质电线
F-CAN	100kbit/s	线形,双线	铜质电线
PT-CAN	500kbit/s	线形,双线	铜质电线
Byteflight	10Mbit/s	星形	光纤
MOST	22.5Mbit/s	环形	光纤

子总线系统负责系统内的数据交换,子总线系统相关参数见表5-2。这些系统用于交换特定系统内数据量相对较少的数据。

子总线系统相关参数　　　　　　　　　　　　　　　　　表5-2

子总线系统名称	数据传输速率	总线拓扑结构	传输介质
K 总线协议	9.6kbit/s	线形,单线	铜质电线
BSD	9.6kbit/s	线形,单线	铜质电线
DWA 总线	9.6kbit/s	线形,单线	铜质电线
LIN 总线	9.6～19.2kbit/s	线形,单线	铜质电线

3. 按信息传输速度分

为方便研究和设计应用,美国汽车工程师学会(SAE)的汽车网络委员会按照系统的复杂程度、传输流量、传输速度、传输可靠性、动作响应时间等参量,将汽车数据传输网络划分为 A、B、C、D、E 五类。

A 类网络是面向传感器/执行器控制的低速网络,数据传输位速率通常小于 10kbit/s,主要用于车外后视镜调整,电动车窗、灯光照明等控制。

B 类网络是面向独立项目间数据共享的中速网络,位速率在 10～125kbit/s 之间,主要应用于车身电子舒适性项目、仪表显示等系统。

C 类网络是面向高速、实时闭环控制的多路传输网络,位速率在 125kbit/s～1Mbit/s 之间,主要用于牵引力控制、发动机控制、ABS、ESP 等系统。

D 类网络是智能数据总线(Intelligent Data BUS,IDB)网络,主要面向影音娱乐信息、多媒体系统,其位速率在 250kbit/s~100Mbit/s 之间。按照 SAE 的分类,IDB-C 为低速网络,IDB-M 为高速网络,IDB-Wireless 为无线通信网络。

E 类网络是面向汽车被动安全系统(安全气囊)的网络,其位速率为 10Mbit/s。

(五)车载网络技术应用概况

1. 车载网络系统的实际结构

在汽车电气系统内部采用基于总线的网络技术,可以达到信息共享、减少布线、降低成本、提高系统可靠性的目的。鉴于此,各大汽车制造商在其生产的汽车上大量使用了汽车网络系统。

图 5-23 所示为 BMW E60 车系全车网络系统构成,包括 4 套总线结构:K-CAN,PT-CAN,Most 和 Byteflight。其中 K-CAN 总线主要控制车身系统,PT-CAN 总线主要控制动力传动及底盘系统,Most 总线主要控制影音娱乐、通信和信息显示系统,Byteflight 总线主要用于安全气囊系统。

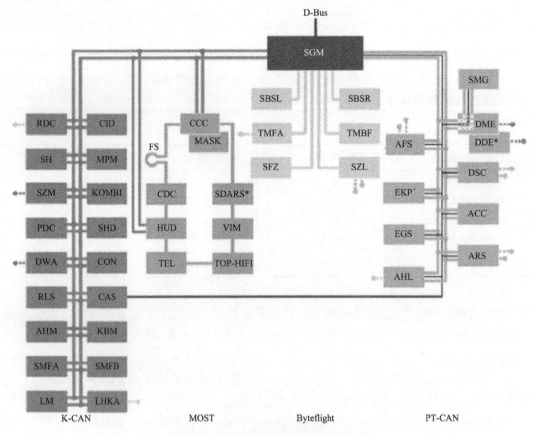

图 5-23 BMW E60 车系全车网络系统构成

2. 车载网络技术的典型应用

(1) A 类网络系统的应用。

汽车防盗报警系统是典型的 A 类网络系统(LIN 总线系统),应用实例如图 5-24 所示。

(2)B 类网络系统的应用。

当大量共享数据需要在车内各个控制单元间进行交换时,A 类网络系统不再胜任,可采用 B 类网络系统。基于 CAN 总线的 B 类网络系统如图 5-25 所示。

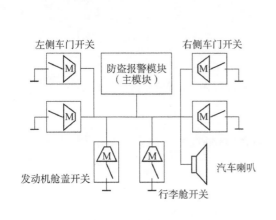

图 5-24 汽车防盗报警 A 类网络系统
(LIN 总线系统)

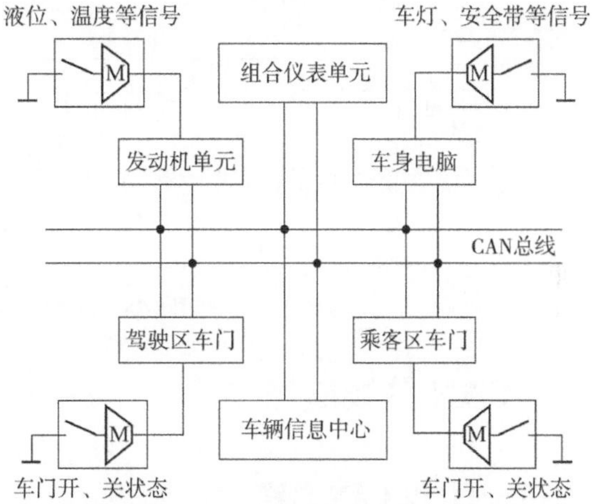

图 5-25 基于 CAN 总线的 B 类网络系统

(3)A、B 两类网络系统的组合应用。

通常将 A 类网络通过车身计算机(网关)连接到 CAN 总线组成的 B 类网络中,使得该 A 类网络系统成为 CAN 总线的一个节点,这样无须在各传感器/执行器部件安装 CAN 控制器件,就能使得信号在 CAN 总线上传输,有效地利用了 A 类网络低成本的优点。A、B 两类网络系统的组合应用如图 5-26 所示。

(4)C 类网络系统的应用。

在 C 类网络系统方案中,CAN 总线有效地将发动机控制系统、驱动防滑系统及自动巡航系统等连接成为一个综合控制系统,整车性能得到大幅度提高,如图 5-27 所示。

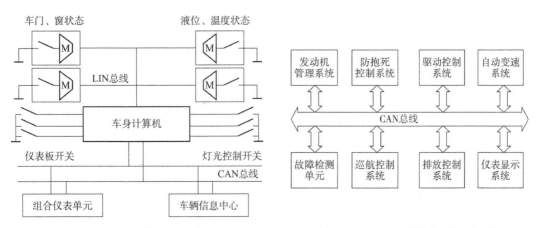

图 5-26 A、B 两类网络系统的组合应用

图 5-27 基于 CAN 总线的 C 类网络系统

图 5-28 所示为奔驰车系的 CAN 网络结构图。

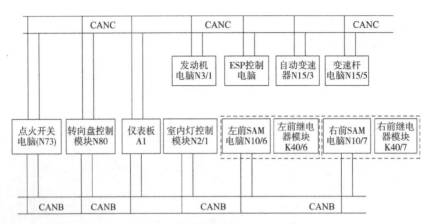

图 5-28 奔驰车系的 CAN 网络结构图

二、CAN 总线检修

(一) 认识 CAN 总线

CAN 全称为"Controller Area Network",即控制器局域网,是国际上应用最广泛的现场总线之一,如图 5-29 所示。最初,CAN 被设计作为汽车环境中的微控制器通信,在车载各电子控制装置之间交换信息,形成汽车电子控制网络。比如发动机管理系统、变速器控制器、仪表装备、电子主干系统中,均嵌入 CAN 控制装置。

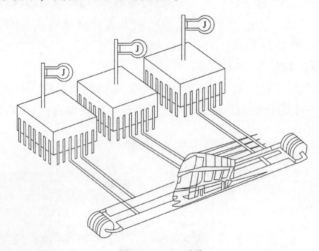

图 5-29 CAN 总线

(二) CAN 总线的组成

CAN 总线系统的总体构成如图 5-30 所示,主要由若干个节点(电控单元)、两条数据传输线(CAN_H 和 CAN_L)及终端电阻组成。

CAN 总线上的每个节点独立完成网络数据交换和测控任务,理论上 CAN 总线可以连接无数个节点,但实际上受总线驱动能力的限制,目前每个 CAN 总线系统中最多可以连接 110 个节点。

1. CAN 节点结构

CAN 节点主要由微控制器、CAN 控制器、CAN 收发器组成,如图 5-31 所示,目前,汽车上多采用内部集成 CAN 控制器的微控制器。

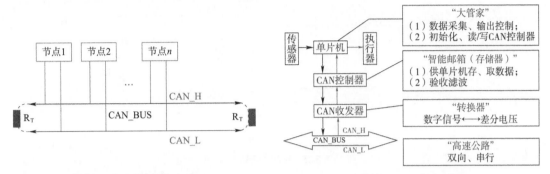

图 5-30　CAN 总线系统的总体构成　　　　图 5-31　CAN 节点结构

CAN 节点中的 CAN 控制器具有"数据打包/解包"和"验收滤波"的作用,而 CAN 收发器具有"边说边听(同时发送和接收)"和"信号转换(数字信号与总线电压信号的转换)"的作用。

CAN 收发器对 CAN_H 和 CAN_L 两根线的电压做差分运算后生成差分电压信号,然后采用"负逻辑"将差分电压信号转换为数字信号,如图 5-32 所示。

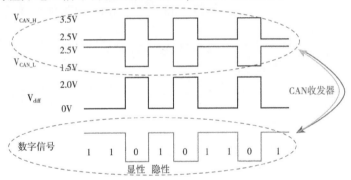

图 5-32　CAN 总线电压与数字信号之间的关系

2. CAN 数据传输线

CAN 数据传输线为双向串行总线,如图 5-33 所示。大都采用具有较强抗干扰能力的双绞线,分为 CAN_H 线和 CAN_L 线,两线缠绕绞合在一起,如图 5-34 所示,其绞距为 20mm,横截面积为 0.35mm² 或 0.5mm²。

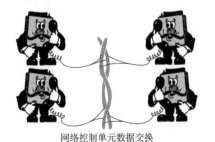

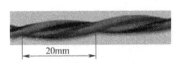

图 5-33　双向串行总线　　　　图 5-34　CAN 数据传输线绞距

3. 数据传输终端

数据传输终端是一个电阻,其作用是防止信号在传输线终端产生反射波而使正常传输的数据受到干扰。终端电阻结构图如图 5-35 所示。

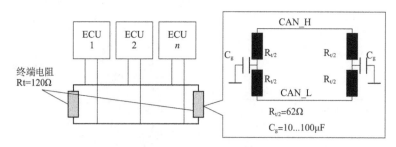

图 5-35　终端电阻结构图

(三) CAN 总线数据传输原理

1. 传输数据的组成及功用

为了可靠地传输数据,通常将原始数据分割成一定长度的数据单元,这就是数据传输的单元,称其为帧。一个数据帧由 7 个功能不同的基本区域构成,包括开始域、仲裁域、检验域、数据域、安全域、确认域和结束域,如图 5-36 所示。CAN 以报文为单位进行信息传送,CAN 中一个报文称一帧。

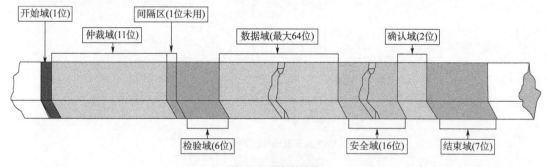

图 5-36　数据帧结构

(1) 开始域:标志数据开始传递,带有大于 5V 电压(由系统决定)的 1 位编码,被选入 CAN 高位传输线,带有大约 0V 电压的 1 位编码被送入 CAN 低位传输线。

(2) 仲裁域:仲裁域用于判断数据中的优先权。在仲裁域中,有 11 位数字组成的编码,其数据的组合形式决定了其优先权。

(3) 检查域:显示在数据中所包含的信息项目数。

(4) 数据域:信息被传递到其他控制单元。

(5) 安全域:检测传递数据中的错误。

(6) 确认域:在确认域中,接收器接收信号并通知发送器,其所发信号已被正确接收;如果检查到错误,接收器立刻通知发送器,发送器会再发送一次数据。

(7) 结束域:标志着数据报告结束,在这里是显示错误并重复发送数据的最后一次机会。

2. 数据传递原理

(1) 信号特征。

在静止状态时,这两条导线上作用有相同预先设定值,该值称为静电平。对于 CAN 驱动数据总线来说,这个值大约为 2.5V。静电平也称为隐性状态,因为连接的所有控制单元均可修改它。

在显性状态时,CAN_H 线上的电压值会升高一个预定值,这个值至少为 1V。而 CAN_L 线上的电压值会降低一个同样值。于是在 CAN 驱动数据总线上,CAN_H 线就处于激活状态,其电压不低于 3.5V(2.5V + 1V = 3.5V),而 CAN_L 线的电压值最多可降至 1.5V(2.5V – 1V = 1.5V)。CAN 总线的信号特征如图 5-37 所示。

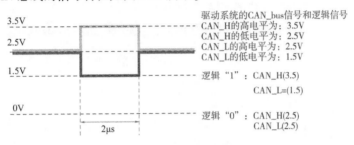

图 5-37　CAN 总线的信号特征

(2) 驱动 CAN 收发器。

收发器内的 CAN_H 线和 CAN_L 线上的信号转换控制单元是通过收发器连接到 CAN 驱动总线上的,在这个收发器内有一个接收器,该接收器是安装在接收一侧的差动信号放大器,如图 5-38 所示。

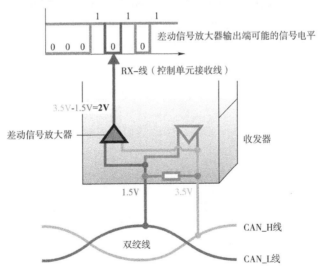

图 5-38　CAN 驱动数据总线的差动信号放大器

差动信号放大器用于处理来自 CAN_H 线和 CAN_L 线上的信号,除此以外,还负责将转换后的信号传至控制单元的 CAN 接收区。这个转换后的信号称为差动信号放大器的输出电压,如图 5-39 所示。

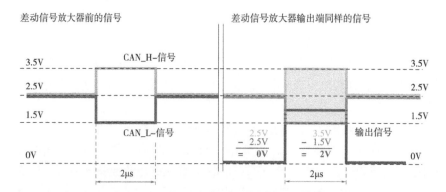

图 5-39　CAN 驱动数据总线差动信号放大器内的信号处理

(3) CAN 驱动数据总线差动信号放大器内的干扰过滤，如图 5-40 所示。

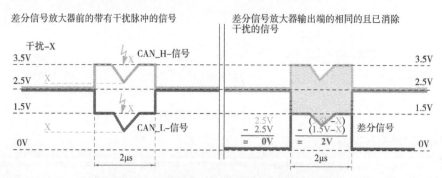

图 5-40　CAN 驱动数据总线差动信号放大器内的干扰过滤

由于数据总线也要布置在发动机舱内，所以，数据总线就要遭受各种干扰。在维护时就要考虑对地短路和蓄电池电压、点火装置的火花放电和静态放电。

干扰导致帧错误增加，重发频繁，正确数据不能及时到达，干扰带来困扰，CAN 总线抗干扰有六大解决方案。

① 增加 CAN 接口电气隔离。

干扰影响信号，更严重的会导致板子死机或者烧毁，所以接口和电源的隔离是抗干扰的第一步。隔离的主要目的是：避免地回流烧毁电路板和限制干扰的幅度。

② 共 CAN 收发器的信号地。

共 CAN 收发器的信号地，并且 CAN 使用三线制信号传输。可以有效抑制共模干扰。

③ CAN 线保证屏蔽效果与正确接地。

带屏蔽层的 CAN 线，可以较好地抵御电场的干扰，等于整个屏蔽层是一个等势体，避免 CAN 导线受到干扰。

④ 提高 CAN 线双绞程度。

CAN 总线为了提高抗干扰能力，采用 CAN_H 和 CAN_L 差分传输，达到效果就是遇到干扰后，可以"同上同下"，最后 CAN_H——CAN_L 的差分值保持不变。

⑤ 增加信号保护器。

增加信号保护器，提高抗浪涌群脉冲等 EMC 能力。上面的隔离只是阻挡，如果干扰强度很高,比如达到 2KV 浪涌,隔离也会被破坏。所以要想达到更高的防护等级,必须增加防浪涌电路。

⑥CAN 转为光纤传输。

增加 CAN 转光纤转换器。解决超强干扰(比如远程激光与电磁脉冲发射装置)与雷击问题,光纤是一种无法被电磁干扰的传输介质。

3. 数据传送过程

CAN 总线数据传输过程如图 5-41 所示。

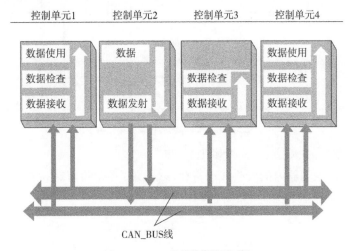

图 5-41 CAN 总线数据传送过程

(1)提供数据。相应控制单元向 CAN 控制器提供须发送的数据。
(2)发射数据。CAN 收发器接收 CAN 控制器传来的数据并转化为电信号传递。
(3)接收数据。CAN_BUS 网络中所有其他控制单元,作为潜在的接收器。
(4)检查数据。收到信号的控制单元,评估该信号是否与其功能有关。
(5)使用数据。如果接收到数据的相关的,控制单元接受并处理,否则忽略。

4. 节点的 ID 号

实时性要求越高,ID 号越小,优先级越高。

原理:多个节点同时向总线发送数据时,总线上的结果是多个数据的"逻辑与"值。如:节点 A 发送 0,节点 B 发送 1,总线上结果是 0&1 =0。节点 A 发送数据:0-显性位,节点 B 发送数据:1-隐性位,总线上显示数据:0。

5. 优先级竞争(仲裁)

如果 CAN 总线上的多个节点同时向总线上发送数据,多个数据就会在总线上出现"撞车"的现象,如图 5-42 所示。这就像生活中很多人在一起讨论问题,如果几个人同时讲话,就会乱套,此时需要进行仲裁,决定哪个人先讲,哪个人后讲。

首先 CAN 总线物理层通常是双绞线。当逻辑"1"被写进总线时,CAN_H 和 CAN_L 的电平都是 2.5V,这种状态并被定义为"隐性"位;当逻辑"0"被写进总线时 CAN_H 会上拉到为 5V,CAN_L 被下拉到地 0V,这种状态被定义为"显性"位。如果显性位和隐性位被不同的节点同时写进总线时,总线会表现为"显性"位。"显性位覆盖隐性位"是 CAN 总线冲突检测的基础。

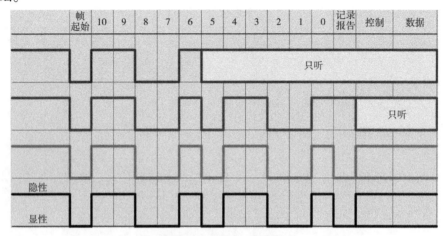

图 5-42 CAN 总线的仲裁机制分析

6. 验收滤波原理(点对点、一点对多点)

通过设置 CAN 控制器内的验收代码寄存器(ACR)和验收屏蔽寄存器(AMR)来实现验收滤波,验收滤波原理图如图 5-43、图 5-44 所示。

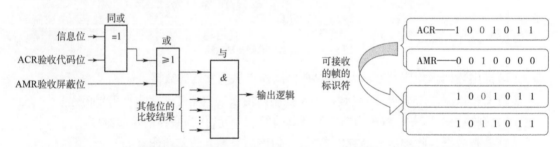

图 5-43 CAN 总线的验收滤波原理一　　　　图 5-44 CAN 总线的验收滤波原理二

验收通过标准是输出逻辑为 1 的帧验收通过。结合滤波原理真可知,其他位比较结果有一个为 0,则验收不通过;其他位比较结果都有 1,屏蔽位为 0,信息位与验收代码位不同,则验收不通过;其他位比较结果都为 1,屏蔽位为 0,信息位与验收代码位形同,则验收通过;其他位比较结果都为 1,屏蔽位为 1,则验收通过滤波原理真值表见表 5-3。

滤波原理真值表　　　　　　　　　　　　　　　表 5-3

信息位	验收代码位	验收屏蔽位	其他位比较结果	输出逻辑
X	X	X	有一个为 0	0
0	1	0	都为 1	0
1	0	0	都为 1	0
0	0	0	都为 1	1
1	1	0	都为 1	1
X	X	1	都为 1	1

(四)CAN 总线的特点与应用

1. CAN 总线的特点

(1)良好的容错能力。

CAN 总线采用"多元主控"的线性总线结构下,挂接多个相同优先级的 ECU,可以避免在环形结构或星形结构中出现的某一个单元的失效而导致整个系统功能的崩溃的现象。

(2)满足不同的实时控制要求。

CAN 总线上的信息分成不同的优先级,可满足不同的实时要求,高优先级的数据最多可在 134μs 内实现快速传输。

(3)可靠的数据通信质量。

CAN 总线的通信速度可调,采用 15 位的循环冗余校验码确保数据传输质量,对数据帧结构和总线裁决均有严格的定义。

(4)方便的线束安装。

CAN 总线线束只有四根,两根电源线,两根数据线,因此线束连接很方便,并大量减少了导线数量。

2. CAN 总线在汽车中的应用

CAN 总线在汽车上的具体应用系统和数据传输速率不同,所以,CAN 总线有不同的类别。而功能相同或相近的 CAN 总线系统,不同的汽车公司,称谓也不尽相同。CAN 总线在传统汽车中的应用如图 5-45 所示。CAN 总线在新能源汽车中的应用如图 5-46 所示。CAN 总线在智能网联汽车中的应用如图 5-47 所示。

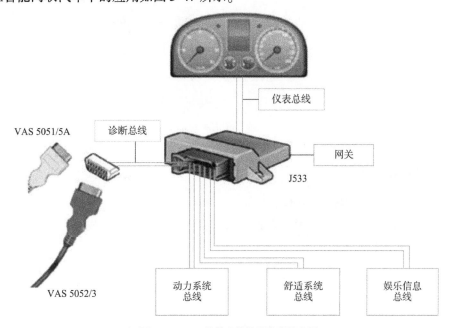

图 5-45　CAN 总线在传统汽车中的应用

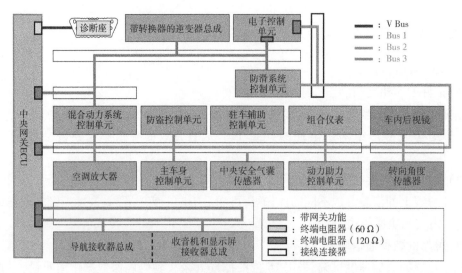

图 5-46 CAN 总线在新能源汽车中的应用

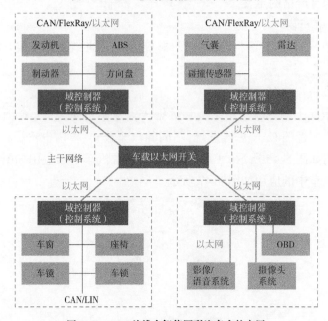

图 5-47 CAN 总线在智能网联汽车中的应用

(五) CAN 总线的检修

如果信息传输系统有故障,则整个汽车信息传输系统中的有些信息将无法传输,接收这些信息的电控项目就无法正常工作,从而会出现故障灯亮起、废气排放超标、怠速不稳、动力不足等故障现象。

对于动力 CAN 总线系统故障,可以进行如下检测。下面以奇瑞 A5 轿车为例进行讲解。

1. 故障现象

(1) 断路:总线上无电压。

(2) 对正极短路:总线上无电压变化,总线电压 = 蓄电池电压。

(3)对地短路:总线上无电压变化,总线电压=0V。

2. 故障原因

(1)导线中断。

(2)导线局部磨损。

(3)插头连接损坏/触头损坏/污垢、锈蚀。

(4)控制单元损坏。

(5)控制单元供电故障。

(6)导线烧毁。

下面使用示波器检测 CAN 网络,测试波形如图 5-48 至图 5-52 所示。

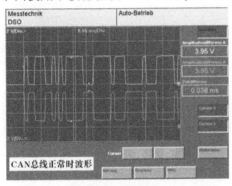

图 5-48 正常波形

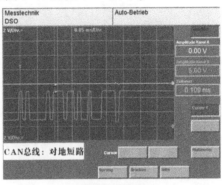

图 5-49 对地短路

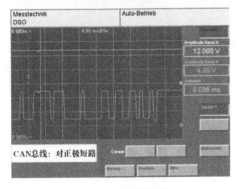

图 5-50 对正极短路

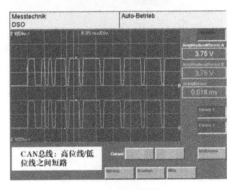

图 5-51 高低线短路

对于动力 CAN 总线系统故障,可通过 OBD-Ⅱ进行故障自诊断,通过故障码进行逻辑判断。奇瑞 A5 轿车 OBD-Ⅱ诊断座线路如图 5-53 所示。

对于奇瑞 A5 动力 CAN 总线系统故障,也可通过测总线系统终端电阻值的办法进行检测。方法是:关闭点火开关,拔下控制单元插头,此时不要连接线束插头。使用万用表测量 A21 发动机控制单元 62 针与 81 针之间的电

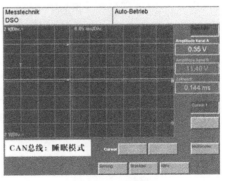

图 5-52 睡眠模式

阻,电路如图 5-54 所示,这是数据传递终端的电阻值,规定值为 123Ω,如不符合规定应更换发动机控制单元。

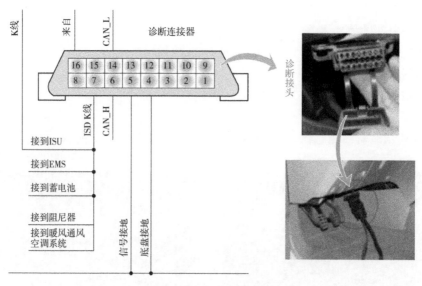

图 5-53　OBD-Ⅱ诊断座线路

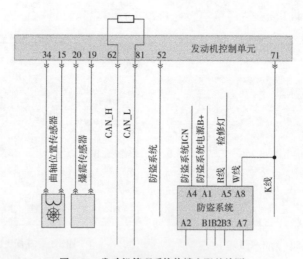

图 5-54　发动机管理系统终端电阻的检测

3. 一汽大众宝来轿车动力 CAN 数据传输系统故障诊断方法

该车动力 CAN 总线连接 3 块控制单元,如图 5-55 所示,它们是发动机、ABS/EDL 及自动变速器控制单元(动力 CAN 总线实际可以连接安全气囊、四轮驱动与组合仪表等控制单元)。CAN 总线可以同时传递 10 组数据:发动机控制单元 5 组、ABS/EDL 控制单元 3 组和自动变速器控制单元 2 组。数据总线以 500kbit/s 速率传递数据,每一数据传递大约需要 0.25ms,每一控制单元 7~20ms 发送一次数据;优先权顺序为 ABS/EDL 控制单元、发动机控制单元、自动变速器控制单元。

在动力传动系统中,数据传递应尽可能快速,以便及时利用数据,所以需要一个高性能的发送器。高速发送器会加快点火系统间的数据传递,这样使接收到的数据立即应用到下一个点火脉冲中去。CAN 总线连接点通常置于控制单元外部的线束中,在特殊情况下,连接点也可能设在发动机控制单元内部。

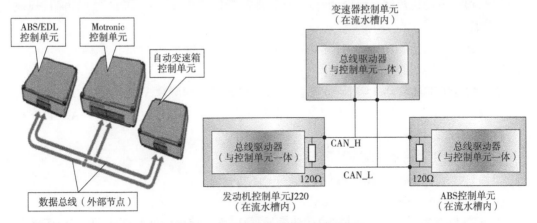

图 5-55　发动机管理系统终端电阻的检测

1)检查条件

(1)CAN 总线自诊断时未发现故障。

(2)ABS 控制单元已按数据总线编制了代码。

2)手动变速器车的检测步骤

所用的专用工具及设备如下:检测盒 V.A.G1598/21、检测盒 V.A.G1598/22、便携式万用表 V.A.G31526 或万用表 V.A.G1715、成套辅助接线 V.A.G1594。

(1)关闭点火开关。

(2)松开并拔下发动机控制单元插头。

(3)将 V.A.G1598/22 接到发动机控制单元线束上。

(4)检查带终端电阻的 ABS 控制单元的 CAN 总线,即测量检测盒插口 29 与 41 之间电阻,规定值 115~135Ω。

(5)如果电阻值不符合要求,拆下空气滤清器。

(6)松开并拔下 ABS 控制单元插头。

(7)检查 CAN 总线彼此间是否短路,测量检测盒上插口 29 至 41 间电阻,规定值为∞。

(8)如果未达到规定值(导线彼此间短路),按电路图排除导线故障。

(9)如果达到规定值(导线彼此间无短路),将检测盒 V.A.G1598/21 接到 ABS 控制单元线束上。

(10)按电路图检查 V.A.G1598/22 与 V.A.G1598/21 插口间 CAN 总线是否断路,插口 29 与 10、插口 41 与 11 的导线电阻:最大 1.5Ω。

(11)检查导线是否对蓄电池正极或对地短路。

(12)如确定导线无故障,更换 ABS 控制单元。

(13)如果电阻值在规定范围内,拆下空气滤清器。

(14)松开并拔下 ABS 控制单元插头。

(15)检查发动机控制单元与ABS控制单元间导线是否对地或对正极短路。

(16)如果确定导线无故障,再插上发动机控制单元插头。

(17)将V.A.G11598/212接到ABS控制单元线束上。

(18)检查发动机控制单元内的终端电阻,即测量检测盒插口10与11之间电阻,规定值115~135Ω。

(19)如果电阻值不在规定值范围内,更换发动机控制单元。

3)自动变速器车的检测步骤

所用的专用工具及设备如下:检测盒V.A.G1598/21、检测盒V.A.G1598/22、便携式万用表V.A.G1526或万用表V.A.G1718、成套辅助接线V.A.G1594、检测盒V.A.G1598/18。

(1)关闭点火开关。

(2)拔下变速器控制单元插头。

(3)将V.A.G1598/18接到控制单元线束上,并锁止。

(4)检查CAN总线(其上有发动机控制单元及ABS控制单元的终端电阻),检查检测盒插口3与25间电阻,规定值55~75Ω。如果显示0~5Ω,原因为两数据线间短路,应检查导线;如果显示135~∞Ω,原因为导线断路、对正极短路、接触电阻故障等,应检查导线;如果显示115~135Ω,原因为ABS控制单元或变速器控制单元导线断路。

(5)如果电阻值在规定值范围内:

①检查导线是否对蓄电池正极或对地短路。

②如果确定导线无故障,再次插上变速器控制单元插头。

③打开点火开关,清除故障码后试车。

④用"自动检测"功能查询所有控制单元的故障码。

试车后,如发动机控制单元内仍有数据总线故障,更换变速器控制单元。

(6)如果阻值在115~135Ω:

①松开并拔下发动机控制单元的插头。

②检查数据总线(其上有ABS控制单元终端电阻),即再次测量检测盒插口3与25间电阻,规定值115~135Ω。

③如果电阻值不符合要求内,则应检查CAN总线。

④如果ABS控制单元导线正常,则更换ABS控制单元。

⑤如果电阻值在规定范围内,再插上发动机控制单元的插头。

⑥拆下空气滤清器。

⑦松开并拔下ABS控制单元插头。

⑧检查CAN总线(其上有发动机控制单元终端电阻),即测量检测盒插口3与25之间电阻,规定值为115~135Ω。

⑨如果电阻值不在规定范围内,检查CAN总线。

⑩如果确定导线无故障,则应更换发动机控制单元。

4)检查CAN总线

(1)松开并拔下ABS控制单元插头。

(2)松开并拔下发动机控制单元插头。

(3)检查 CAN 总线彼此间是否短路,即测量 V. A. G1598/18 上插口 3 与 25 间电阻,规定值为∞。

(4)如果未达到规定值(导线彼此间短路),按电路图排除导线故障。

(5)如果达到规定值(导线彼此间无短路),将 V. A. G1598/22 接到发动机控制单元线束上。

(6)按电路图检查检测盒间的 CAN 总线是否断路,插口 29 与 3、插口 41 与 25 的导线电阻:最大为 1.5Ω。

(7)检查导线是否对蓄电池正极或地短路。

(8)如果确定导线无故障,将 V. A. G1598/21 接到 ABS 控制单元线束 2 上。

(9)按电路图检查 V. A. G1598/22 与 V. A. G1598/21 间的 CAN 总线是否断路,插口 41 与 11、插口 29 与 10 的导线电阻:最大为 1.5Ω。

三 LIN 总线检修

(一)认识 LIN 总线

1. LIN 总线的定义

局部连接网络(Local Interconnect Network,LIN)是一个汽车底层网络协议。LIN 的目标是为现有汽车网络(例如 CAN 总线)提供辅助功能,因此,LIN 总线是一种辅助的串行通信总线网络,多用于不需要 CAN 总线的带宽和多功能的场合。LIN 典型的应用是车上传感器和执行器的联网。按 SAE 的车上网络等级标准,LIN 属于汽车上的 A 级网络。

LIN 诞生的历史比较短,在汽车上的应用还是刚刚起步。从某种意义上来讲,LIN 就是 CAN 的经济版通信网络,其可定位于低于 CAN 的通信层,其示意图如图 5-56 所示。

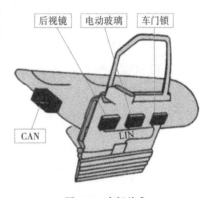

图 5-56 车门总成

2. LIN 的特点

(1)单主/多从结构。

(2)基于 UART/SCI 接口的廉价硬件实现。

(3)从节点无须振荡器的自同步功能。

(4)保证延时和信号传输的正确性。

(5)廉价的单总线结构。

(6)数据传输速度 20kbit/s。

(7)一帧信息中数据长度为 2B 或 4B 或 8B。

(8)系统配置灵活。

(9)带同步的广播式发送接收方式。

(10)数据累加和校验(Data-checksui)及错误检测功能。

(11)故障节点的检测功能。

(12)廉价的单片元器件。传送途径(按 ISO941)为廉价的单线传送方式,最长可达 40m。

3. LIN 与 CAN 的比较

LIN 线与 CAN 线的传输方式对比见表 5-4。

表 5-4 LIN 与 CAN 的比较

特性	LIN	CAN
工作方式	一主多从方式	一主多从或多主方式
仲裁机制	无须仲裁	采用非破坏性仲裁
物理层(数据传输线)	单线,12V	双绞线,5V
总线传输速率(bit/s)	最高 20K,A 级网络	最高 1M,B 级或 C 级网络
总线最远传输距离	40m	10km
信息标识符(ID)位数(bit)	6	11 或 29
总线最大节点数	16	110
每帧信息数据量(Byte)	2 或 4 或 8	0~8
错误检测	8 位累加和校验	15 位循环冗余校验(CRC)
石英/陶瓷振荡器	主节点需要,从节点不需要	每个节点都需要

(二)LIN 总线系统的结构

1. LIN 总线系统的结构

1)LIN 的网络结构

LIN 总线上的最大电控单元节点数为 16 个,系统中两个电控单元节点之间的最大距离为 40m。LIN 总线网络由一个主节点一个或多个从节点组成。所有节点都包含一个从任务(Slave Task),负责消息的发送和接收;主节点还包含一个主任务(Master Task),负责启动 LIN 总线网络中的通信。LIN 的网络结构如图 5-57 所示。

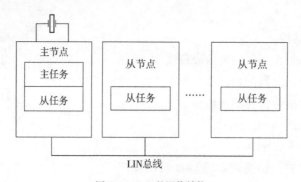

图 5-57 LIN 的网络结构

2)LIN 的节点结构

一个 LIN 节点主要由微控制器和 LIN 收发器组成,如图 5-58 所示。而微控制器通过 UART/SCI 接口与 LIN 收发器连接,几乎所有微控制器都具备 UART/SCI 接口,并且 LIN 收发器(如 TJA1020、MC33399 等)的 RXD、TXD 引脚可与微控制器的 RXD、TXD 引脚直接连接,无须电平转换。在 LIN 系统中,加入新节点时,不需要其他从节点做任何软件或硬件的改动。LIN 和 CAN 一样,传送的信息带有一个标识符,它给出的是这个信息的意义或特征,而不是这个信息传送的地址。

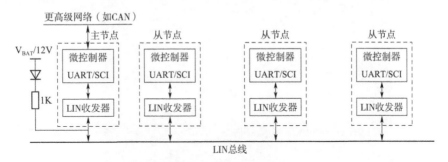

图 5-58　LIN 的节点结构

LIN 系统总线的网络节点数不仅受标识符长度的限制,而且受总线物理特性的限制。在 LIN 系统中,建议节点数不要超过 16 个,否则网络阻抗降低,在最坏工作情况下会发生通信故障。LIN 系统每增加一个节点大约使网络阻抗降低 3%。LIN 系统总线的网络节点如图 5-59 所示。

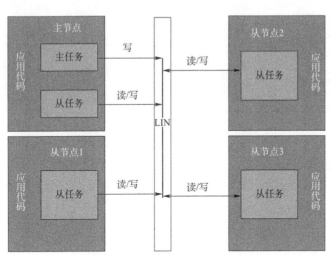

图 5-59　LIN 系统总线的网络节点

2. LIN 总线系统的数据通信

1) LIN 总线的数据通信及波形

LIN 总线上的信息帧由信息标题和信息内容两部分组成,一个 LIN 网络上的通信总是由主节点(主节点)的主发送任务所发起的,主节点向 LIN 总线发送一个信息标题(包括同步间隔区、同步分界区、同步区和标识符区),然后由主节点或从节点向 LIN 总线发送对应的信息内容(包括数据和对应的校验和)。LIN 总线的波形如图 5-60 所示。

2) LIN 总线的信息传输模式

LIN 总线的信息传输模式如图 5-61 所示。

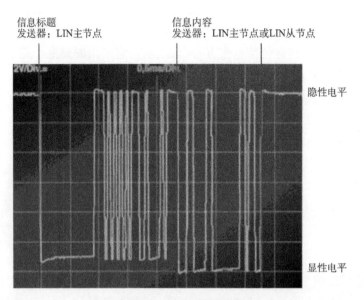

图 5-60　LIN 总线的波形

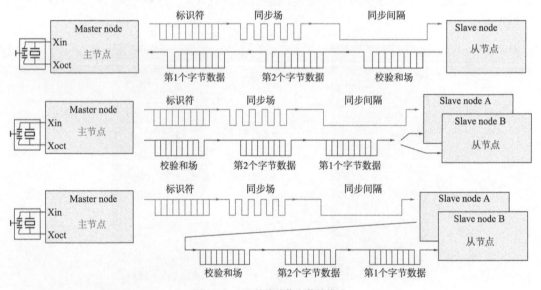

图 5-61　LIN 总线的信息传输模式

（1）主节点请求从节点数据。
（2）主节点向从节点发送数据。
（3）从节点之间发送数据。

3. LIN 总线在汽车中的应用

现以奥迪 A6 轿车为例，说明 LIN 总线在汽车中的实际应用。奥迪 A6 轿车 LIN 总线系统组成及元件位置分布如图 5-62 所示。

奥迪 A6 的空调系统、舒适系统、供电管理系统、动力转向系统、轮胎压力监控系统、安全气囊系统等采用 LIN 总线进行连接，如图 5-63 所示。

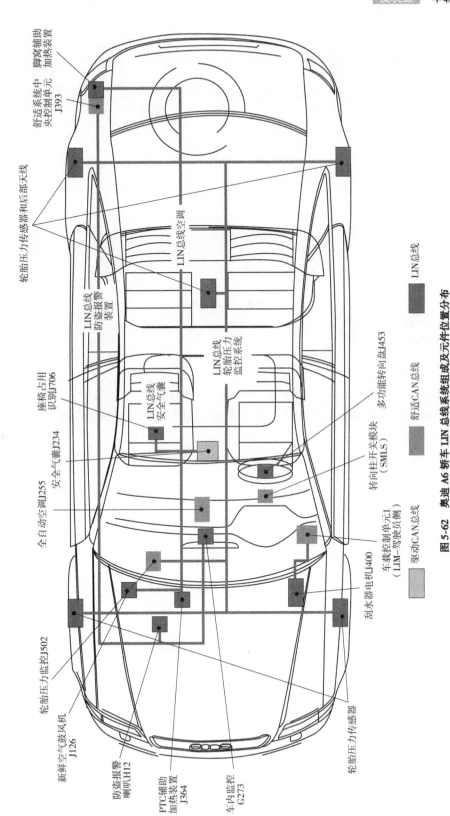

图 5-62 奥迪 A6 轿车 LIN 总线系统组成及元件位置分布

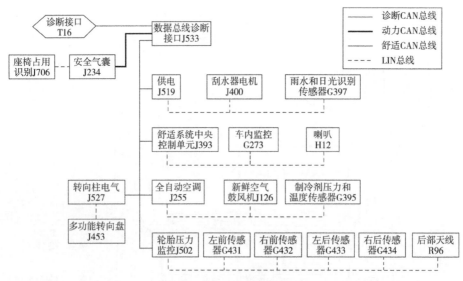

图 5-63　奥迪 A6 LIN 总线的应用

(三) LIN 总线的检修

1. LIN 主单元故障

当主车身 ECU 和认证 ECU 之间存在断路、短路或 ECU 通信故障时,会输出 DTC 码 B2287,其故障部位主要在于认证 ECU、主车身 ECU、线束或连接器。相关电路如图 5-64 所示。

检查步骤如下。

(1) 清除 DTC。

(2) 检查 DTC。

重新检查有无 DTC,如未输出 B2287 故障码,说明系统正常,如输出 B2287 故障码,则进行下一步检查。

(3) 检查线束和连接器(认证 ECU-主车身 ECU)。

① 断开连接器 E36 和 2C,如图 5-65 所示。

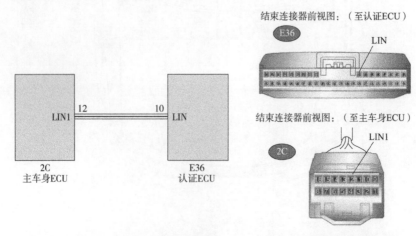

图 5-64　车身 ECU 和认证 ECU 连接电路图　　图 5-65　线束和连接器连接图

②根据表5-5、表5-6中的值测量电阻和电压。

标准电阻　　　　　　　　　　　　　　　　　　　　　表5-5

检测仪连接	条件	规定状态
E36-10(LIN)-2C-12(LIN1)	始终	小于1Ω
E36-10(LIN)或2C-12(LIN1)-车身搭铁	始终	10KΩ或更大

标准电压　　　　　　　　　　　　　　　　　　　　　表5-6

检测仪连接	条件	规定状态
E36-10(LIN)-车身搭铁	始终	低于1V

异常:维修或更换线束或连接器。

(4)更换主车身ECU(仪表板接线盒)。

更换一个主车身ECU,清除DTC码。

(5)检查DTC。

重新检查有无DTC,如输出B2287故障码,则更换认证ECU。

2. LIN通信总线故障

主车身ECU监视所有连接到车门系统LIN总线的ECU之间的通信。若主车身ECU以2.6s间隔连续3次检测到任何连接到车门系统LIN总线的ECU出现通信错误,会输出故障码B2325。故障部位主要在于左前电动车窗升降器电动机总成、滑动天窗ECU(带滑动天窗)、主车身ECU、线束或连接器。相关电路如图5-66所示。

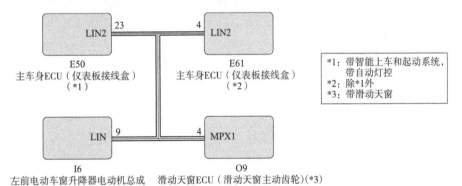

图5-66　主车身ECU与车门系统LIN总线的ECU之间的通信电路图

检查步骤如下。

(1)清除故障码。

(2)检查故障码,如输出故障码B2325,则进行下一步的检查。

(3)检查线束和连接器(主车身ECU-各ECU),如图5-67所示。

①断开连接器E50或E61。

②断开连接器I6。

③断开连接器O9。

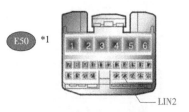
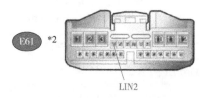

a) 线束连接器前视图：（至主车身ECU）　　b) 线束连接器前视图：（至主车身ECU）

c) 线束连接器前视图：（至滑动天窗ECU）　　d) 线束连接器前视图：（至左前电动车窗升降器电动机总成）

*1：带智能上车和起动系统，带自动灯控
*2：除*1外
*3：带滑动天窗

图 5-67　线束连接器（主车身 ECU-各 ECU）

④根据表 5-7 中的标准电阻值测量电阻。

标准电阻　　　　　　　　　　　　　　　　　　　　　　表 5-7

检测仪连接	条件	规定状态
E50-23（LIN2）-I6-9（LIN） E61-4（LIN2）-I6-9（LIN）	始终	小于1Ω
E50-23（LIN2）-O9-4（MPX1） E61-4（LIN2）-O9-4（MPX1）	始终	小于1Ω
E50-23（LIN2）-车身搭铁 E61-4（LIN2）-车身搭铁	始终	10KΩ 或更大

若异常，维修或更换线束或连接器。

（4）系统检查。根据车辆的规格进行检查，对于带滑动天窗的车型，进行第 5 项的检查，对于不带滑动天窗的车型，进行第 6 项的检查。

（5）检查故障码。重新连接连接器 E50、E62 和 I6，检查有无故障输出。如输出 B2325 故障，则转入第（6）的检查；如未输出 B2325 故障，则转入第（7）的检查。

（6）检查故障码。断开连接器 I6,重新检查有无故障码。如输出故障码 B2325,则转入第（9）步的检查，如未输出故障码，则更换主车身 ECU（仪表板接线盒）。

（7）更换滑动天窗主动齿轮。

（8）重新检查故障码。如再次输出故障码，则更换主车身 ECU；如未输出故障码，则检查步骤结束。

（9）更换左前电动车窗升降器电动机总成。

（10）再检查故障码。如输出故障码 B2325,则更换主车身 ECU,如未输出故障码，则检查结束。

3. 驾驶员侧车门 ECU 通信中止故障

当左前电动车窗升降器电动机总成和主车身 ECU 之间的 LIN 通信中止 10s 以上时，会输出故障码 B2321，故障部位主要在于左前电动车窗升降器电动机总成、主车身 ECU、线束或连接器。相关电路如图 5-68 所示。

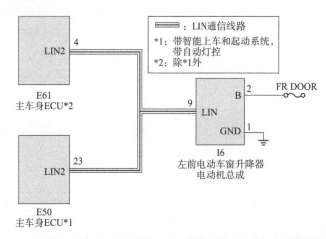

图 5-68　左前电动车窗升降器电动机总成和主车身 ECU 之间的 LIN 通信电路

检查步骤如下。

(1) 清除 DTC。

(2) 检查 DTC。

重新检查有无 DTC，如未输出 B2321 故障码，说明系统正常，如输出 B2321 故障码，则进行下一步检查。

(3) 检查线束和连接器（主车身 ECU-左前电动车窗升降器电动机），如图 5-69 所示。

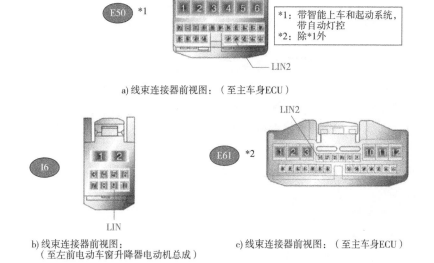

图 5-69　线束连接器前视图（主车身 ECU-左前电动车窗升降器电动机）

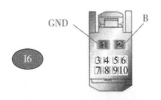

图5-70 线束连接器前视图
（至左前电动车窗
升降器电动机总成）

①断开连接器 E50*1 或 E61*2。
②断开连接器 I6。
（4）检查左前电动车窗升降器电动机总成。
①断开连接器 I6，如图 5-70 所示。
②根据表 5-8、表 5-9 中的标准值测量电阻和电压。
（5）更换左前电动车窗升降器电动机总成，清除 DTC 码。
（6）重新检查有无 DTC 码，如输出 B2321，则更换主车身 ECU（仪表接线盒）。

标准电阻　　　　　　　　　　　　　　　　　　表 5-8

检测仪连接	条件	规定状态
I6-1（GND）-车身搭铁	始终	小于 1Ω

标准电压　　　　　　　　　　　　　　　　　　表 5-9

检测仪连接	条件	规定状态
I6-2（B）-车身搭铁	始终	11 至 14V

四 数据共享技术认知

（一）V2X 综述

1. V2X 的定义

V2X 是 Vehicle to Everything 的英文缩写，即车辆自身和外界事物之间的信息交换。V2X 作为智能网联汽车通信技术的核心，车辆自身主要与以下外界事物进行信息交换。

2. V2X 的几种形式

（1）V2V。

V2V 是 Vehicle to Vehicle 的英文缩写，即车辆自身与其他车辆之间的信息交换，如图 5-71 所示。

车辆自身与外界车辆之间的信息交换内容，主要包括以下几点：

①当前本体车辆的行驶速度与附近范围内车辆的行驶速度进行信息内容的交换；

②当前本体车辆的行驶方向与附近范围内车辆的行驶方向进行信息内容的交换；

③当前本体车辆紧急状况与附近范围内车辆的行驶状况进行信息内容的交换。

（2）V2I。

V2I 是 Vehicle to Infrastructure 的英文缩写，即车辆自身与基础设施之间的信息交换，如图 5-72 所示。

基础设施主要包括红绿灯、公交站台、交通指示牌、立交桥、隧道、停车场等。车辆自身与基础设施之间的信息交换内容，主要包括以下几点：

①车辆的行驶状态与前方红绿灯的实际状况进行信息内容的交换；

②车辆的行驶状态与途经公交站台的实际情况进行信息内容的交换；

③车辆当前行驶的方向和速度与前方交通标志牌所提示的内容进行信息上的交换；
④车辆的行驶状态与前方立交桥或隧道的监控情况进行信息内容的交换；
⑤车辆的导航目的地与停车场空位情况进行信息内容的交换。

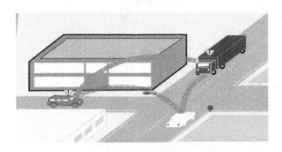

图 5-71　车辆自身与其他车辆之间的信息交换

图 5-72　车辆自身与基础设施之间的信息交换

（3）V2P。

V2P 是 Vehicle to Pedestrian 的英文缩写，即车辆自身与外界行人之间的信息交换，如图 5-73 所示。

车辆自身与外界行人之间的信息交换内容，主要包括以下几点：
①车辆自身的行驶速度与行人当前位置进行信息内容的交换；
②车辆自身的行驶方向与行人当前位置进行信息内容的交换。

（4）V2R。

V2R 是 Vehicle to Road 的英文缩写，即车辆自身与道路之间的信息交换，如图 5-74 所示。

图 5-73　车辆自身与外界行人之间的信息交换

图 5-74　车辆自身与道路之间的信息交换

按照道路的特殊性，V2R 又可分为两大类型，一类是车辆自身与城市道路之间的信息交换，另一类是车辆自身与高速道路之间的信息交换。车辆自身与道路之间的信息交换内容，主要包括以下几点：
①车辆自身的行驶路线与道路当前路况进行信息内容的交换；
②车辆自身的行驶方向与前方道路发生的事故进行信息内容的交换；
③车辆行驶的导航信息与道路前方的路标牌进行信息内容的交换。

（5）V2N。

V2N 是 Vehicle to Network 的英文缩写，即车辆自身或驾驶者与互联网之间的信息交换，如图 5-75 所示。

图 5-75 车辆自身或驾驶者与互联网之间的信息交换

车辆驾驶者与互联网之间的信息交换,主要包括:车辆驾驶者通过车载终端系统向互联网发送需求,从而进行诸如娱乐应用、新闻资讯、车载通信等;车辆驾驶者通过应用软件可及时从互联网上获取车辆的防盗信息。

车辆自身与互联网之间的信息交换,主要包括以下几点:

①车辆自身的行驶信息和传感器数据与互联网分析的大数据结果进行信息内容的交换;

②车辆终端系统与互联网上的资源进行信息内容的交换;

③车辆自身的故障系统与互联网远程求助系统进行信息内容的交换。

智能网联汽车 V2X 功能的实现条件是必须首先实现车辆自身的智能化。车辆的智能化主要包括车载传感器的感知功能、汽车数据通信处理能力以及数据分析后的决策功能。只有在实现了车辆智能化的基础上,才能利用网络通信技术实现智能网联汽车 V2X 的功能。

目前,实现智能网联汽车 V2X 功能的网络通信技术主要有移动网络通信技术和物联网无线通信技术。

(二)车载自组织网络

1. 车载自组织网络的定义

无线自组织网络是一种自组织、结构开放的车辆间通信网络,通过结合卫星定位技术及无线通信技术,如无线局域网、蜂窝网络等,可为处于高速移动状态的车辆提供高速率的数据接入服务,并支持 V2V、V2I 之间的信息交互,已成为保障车辆行驶安全,提供高速数据通信、智能交通管理及车载娱乐的有效技术。车载自组织网络是智能交通系统未来发展的通信基础,也是智能网联汽车安全行驶的保障。

无线自组织网络是一种不同于传统无线通信网络的技术,它是由一组具有无线通信能力移动终端节点组成的、具有任意和临时性网络拓扑的动态自组织网络系统,其中每个终端节点既可作为主机,也可作为路由器使用。作为主机,终端具有运行各种面向用户的应用程序的能力;作为路由器,终端可以运行相应的路由协议,根据路由策略和路由表完成数据的分组转发和路由维护工作。

2. 车载自组织网络的类型

车载自组织网络结构类型主要有 V2V、V2I、V2P,如图 5-76 所示。

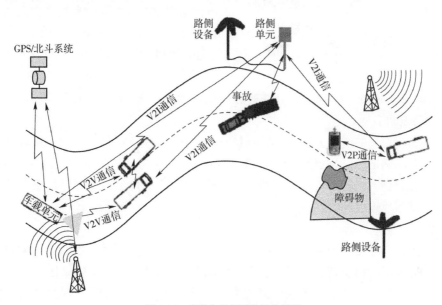

图 5-76 车载自组织网络结构类型

V2V 是通过卫星定位辅助建立无线多跳连接,从而能够进行暂时的数据通信,提供行车信息、行车安全等服务,V2I 能够通过接入互联网获得更丰富的信息与服务。V2P 的研究刚刚起步,有以下几个类型。

(1)车间自组织型:车辆之间形成自组织网络,不需借助路侧单元,这种通信模式也称之为 V2V 通信模式,也是传统移动自组织网络的通信模式。

(2)无线局域网/蜂窝网络型:在这种通信模式下,车辆节点间不能直接通信,必须通过接入路侧单元互相通信,这种通信模式也称为 V2I 通信模式,相比车间自组织型,路侧单元建设成本较高。

(3)混合型:混合型是前两种通信模式的混合模式,车辆可以根据实际情况选择不同的通信方式。

3. 车载自组织网络的路由协议类型

车载自组织网络的路由协议有单播路由、广播路由和多(组)播路由。

(1)单播路由是指数据包源节点向网络中一个节点转发数据。

(2)广播路由是指数据包源节点向网络中的所有其他节点转发数据。

(3)多(组)播路由是指数据包源节点向网络中多个节点转发数据。

路由协议是一种指定数据包转送方式的网上协议,负责将数据分组从源节点通过网络转发到目的节点,包括寻找源节点和目的节点的优化路径、将数据分组沿着优化路径正确转

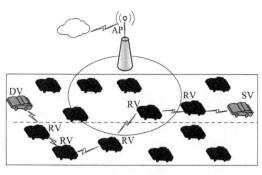

图 5-77 路由原理图
AP-接入点；SV-源车辆；RV-中继车辆；DV-目的车辆

发。路由原理图如图 5-77 所示。

4. 车载自组织网络的特点

(1) 节点速度变化大。

节点的可能速度在 0~200km/h 之间。节点速度很大时对应用程序的影响也很大，比如由于速度太快，导致即时环境变化太快，使得对环境感知的应用也变得困难。在另外一种极端情况下，即节点几乎不移动，网络拓扑相对稳定。然而，车辆的缓慢移动意味着车辆密度很大，这会导致高干扰、介质接入等诸多问题。

(2) 运动模式多变。

车辆是在预定义的道路上行驶的，一般情况下有两个行驶方向。在十字路口时，车辆的行驶方向具有不确定性。将道路分为高密度城市道路、高速公路和乡村道路三种类型。城市场景下，交通流非常的无序；高速公路上的车速度快，几乎整个运动都是处于一维情况；乡村道路上很难形成连通的网络。

(3) 节点密度。

在相同的无线通信范围内，可能存在零到几十、甚至上百的车辆；当节点密度非常小时，几乎不可能完成瞬时消息转发，需要更复杂的消息传播机制，可以先存储信息，并在车辆相遇时转发信息。这样可能导致一些信息被同一车辆重复多次。当节点密度很大时，消息只可能被选定的节点重复，否则会导致重载信道。节点密度与时间也相关。在白天，高速公路和城市中节点密度较高，足以实现瞬时转发，有足够的时间使路由处理分段网络。但在夜间，无论哪种类型的道路，车辆都很少。

(4) 节点异构性。

在车载自组织网络中，节点有许多不同种类。车辆和路侧单元的区别。而车辆可以进一步分为城市公交、私家车、出租车、救护车、道路建设和维修车辆等，并不是每辆车都要安装所有的应用。例如只有救护车需要安装能够在其行驶路线上发出警告的应用。路侧单元功能不同，可以简单地向网络发送数据，或者拥有自组织网络的完整功能。此外，路侧单元节点可以提供对背景网络的访问，如向交通管理中心报告道路状况。

(5) 可预测的运动性。

尽管车辆节点的运行规律比较复杂，但车辆的运动趋势在一定程度上仍然是可以预测的。在高速公路场景，根据车辆所处的车道、实时的道路状况以及汽车自身的速度和方向就可以推测汽车在随后短时间内的运动趋势。在城市场景中，不同类型的车辆具有不同的运动趋势。公交车的行驶平均速度缓慢且具有间隔性静止状态，因此，根据公交节点的速度大小和道路特点就可以推测出短时间内的运动趋势。

5. 车载自组织网络的应用场景

(1) 碰撞预警。碰撞预警场景如图 5-78 所示。

(2) 避免交通拥堵。避免交通拥堵场景如图 5-79 所示。

（3）紧急制动警告。紧急制动警告场景如图 5-80 所示。

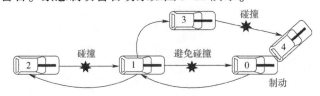

图 5-78　碰撞预警场景

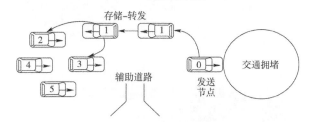

图 5-79　避免交通拥堵场景

图 5-80　紧急制动警告场景

（4）并线警告。并线警告场景如图 5-81 所示。

（5）交叉路口违规警告。交叉路口违规警告场景如图 5-82 所示。

图 5-81　并线警告场景

图 5-82　交叉路口违规警告场景

（三）车载移动互联网

1. 车载移动互联网的组成

车载移动互联网是以车为移动终端，通过远距离无线通信技术构建的车与互联网之间的网络,实现车辆与服务信息在车载移动互联网上传输。车载移动互联网如图 5-83 所示。

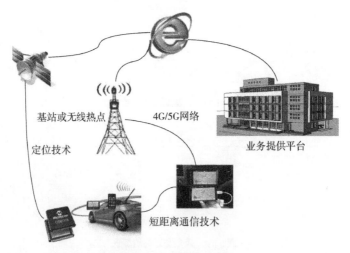

图 5-83　车载移动互联网

2. 车载移动互联网的定义

移动互联网是以移动网络作为接入网络的互联网及服务,包括移动终端、移动网络和应用服务 3 个要素,如图 5-84 所示。

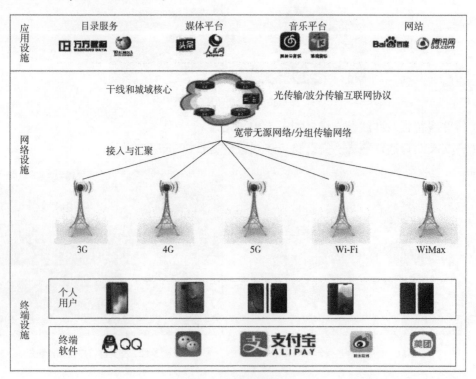

图 5-84　移动互联网

移动互联网包含两方面的含义:一方面,移动互联网是移动通信网络与互联网的融合,用户以移动终端接入无线移动通信网络、无线城域网、无线局域网等方式访问互联网;另一方面,移动互联网还产生了大量新型的应用,这些应用与终端的可移动、可定位和随身携带等特性相结合,为用户提供个性化的、位置相关的服务。

3. 车载移动互联网的特点

(1)终端移动性:用户可以在移动状态下接入和使用互联网服务,移动的终端便于用户随身携带和随时使用。

(2)业务及时性。用户使用移动互联网能够随时随地获取自身或其他终端的信息,及时获取所需的服务和数据。

(3)服务便利性:由于移动终端的限制,移动互联网服务要求操作简便,响应时间短。

(4)业务/终端/网络的强关联性:移动互联网服务需要同时具备移动终端、接入网络和运营商提供的业务3项基本条件。

(5)终端和网络的局限性:在网络能力方面,受到无线网络传输环境、技术能力等因素限制;在终端能力方面,受到终端大小、处理能力、蓄电池容量等的限制。

4. 车载移动互联网的接入方式

(1)卫星通信网络。

卫星通信网络的优点是通信区域大、距离远、频段宽、容量大;可靠性高、质量好、噪声小、可移动性强、不容易受自然灾害影响;其缺点是存在传输时延大、回声大、费用高。

(2)无线城域网。

无线城域网以微波等无线传输为介质,提供同城数据高速传输、多媒体通信业务和互联网接入服务等,具有传输距离远、覆盖面积大、接入速度快、高效、灵活、经济、较为完备的QoS机制等优点;其缺点是暂不支持用户在移动过程中实现无缝切换。

(3)无线局域网。

无线局域网指以无线或无线与有线相结合的方式构成的局域网,如Wi-Fi。无线局域网具有布网便捷、可操作性强、网络易于扩展等优点;其缺点是性能、速率和安全性存在不足。

(4)无线个域网。

无线个域网是采用红外、蓝牙等技术构成的覆盖范围更小的局域网。有蓝牙、ZigBee、UWB、60GHz、IrDA、RFID、NFC等,具有低功耗、低成本、体积小等优点;其缺点主要是覆盖范围小。

(5)蜂窝网络。

蜂窝网络由移动站、基站子系统、网络子系统组成,采用蜂窝网络(4G/5G网络)作为无线组网方式,通过无线信道将移动终端和网络设备进行连接,如图5-85所示。

5. 车载移动互联网的应用

车载移动互联网的典型应用就是车联网,如图5-86、图5-87所示。

(四)移动网络通信技术

移动网络通信技术是一种综合技术的应用,它是由有线通信技术和无线通信技术融合而成,具体是指通过移动网络信号系统,作为主体的人或设备可在不受位置约束的条件下,与固定位置或正在发生位移的另一方的主体人或设备进行通信的方式。移动网络信号系统主要由空间系统(如卫星等)、地面系统(如地面基站、交换中心等)两大部分组成,如图5-88所示。

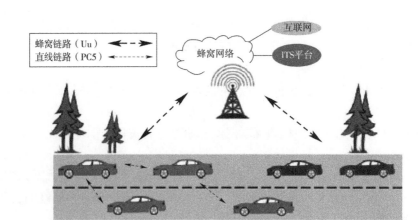

图 5-85 蜂窝网络

图 5-86 车载移动互联网应用一

图 5-87 车载移动互联网应用二

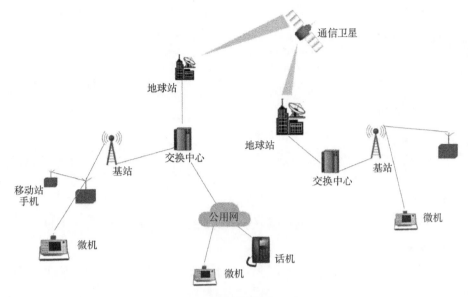

图 5-88 移动网络信号系统组成

移动网络通信技术发展见表 5-10。

移动网络通信技术发展　　　　　　　　　　　　　表 5-10

技术名称	出现年份	最高传输速率
第一代移动通信网络(1G)	1980 年	2.4kbit/s
第二代移动通信网络(2G)	1990 年	150kbit/s
第三代移动通信网络(3G)	2000 年	6Mbit/s
第四代移动通信网络(4G)	2010 年	100Mbit/s
第五代移动通信网络(5G)	2020 年	至少 1Gbit/s

(五)5G 网络的关键技术及在 V2X 中的应用

1.5G 网络的关键技术

(1)设备到设备的通信。

D2D 是 Device to Device 的英文缩写,即设备到设备的通信。D2D 通信是指在一定距离范围内,设备之间的直接通信,如图 5-89 所示。

(2)大规模输入输出技术。

5G 网络环境下的大规模输入输出技术是指通过大规模天线阵列进行信号的发射和接收,如图 5-90 所示。

(3)高频段传输。

由于 2G、3G、4G 网络通信频率都在 3GHz 以下,导致低频率的可用频段资源极为有限。所以,5G 网络的建设分为两大频谱,分别为低频段和高频段。低频段是指

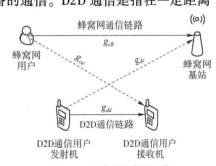

图 5-89 设备到设备的通信

在3GHz以上且小于6GHz的频段,而高频段是指大于30GHz频段的毫米波移动通信技术。

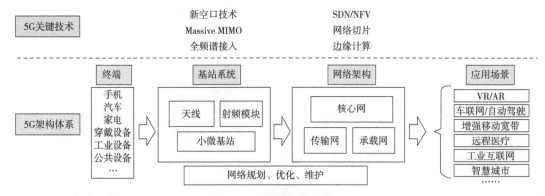

图5-90 大规模输入输出技术

(4)高密集组网。

由于高频段导致网络覆盖面积减少,所以,为了增加网络的覆盖范围,需要采用高密集度的组网建设方式。

2. 5G网络在V2X中的应用

利用增加的数据传输能力,可以提高车辆运输的安全性,这包括在智能网联汽车之间共享传感器数据,使用宽带支持改善定位,以及为自动驾驶共享高精度三维地图等,如图5-91所示。

基于D2D技术的5G网络将实现车辆与车辆之间、车辆与道路、车辆与行人、车辆与公共设施之间的多通道通信。5G通信技术在智能网联汽车上的应用上将解决目前网络资源有限的问题。

5G大容量传输可用于采集海量的道路环境数据或车辆与云端之间的环境感知数据传输。

图5-91 5G网络在V2X中的应用

低延迟直接连接可以实现V2X车辆与车辆、车辆与道路、车辆与人、人与道路的协同通信,解决通信数据安全和用户隐私信息保护问题,提高V2X通信的利用率。

在车辆组网应用场景中,车辆终端通过感知无线通信环境获取当前的频谱信息,快速接入空闲频谱,并与其他终端进行有效通信。动态频谱接入提高了频谱资源的利用率。

5G通信网络具有超庞大的网络容量,为每个用户提供每秒千兆数据的速率。5G网络下V2V通信的最大距离约为1000m,为V2X通信提供高速下行和上行数据传输速率,以便提高车辆之间数据传输的及时性和准确性。智能网联汽车结合了大数据和通信技术,通过5G网络可实现车辆本身与外界物体的通信功能。车辆本身在实现智能化的前提下,可自动激活识别和被识别功能,主要包括自动开启环境感知功能、自动开启数据处理的决策功能、自动开启车辆的控制功能。

智能网联汽车技术真正的难点是安全问题,5G技术应用的真正目的其实就是解决车辆安全驾驶的问题,以达到最大限度地减少或避免交通事故的发生,保护车辆数据安全,收集数据,集成数据,实现最大化的安全策略。

(六)车路协同技术

1. 车路协同系统

车路协同系统如图 5-92 所示。车路协同系统是基于无线通信、传感探测等技术进行车路信息获取,通过车车、车路信息交互和共享,并实现车辆和基础设施之间智能协同与配合,达到优化利用系统资源、提高道路交通安全、缓解交通拥堵的目标。车路协同体系架构如图 5-93 所示。

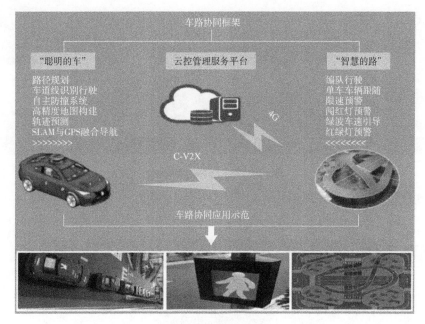

图 5-92　车路协同系统

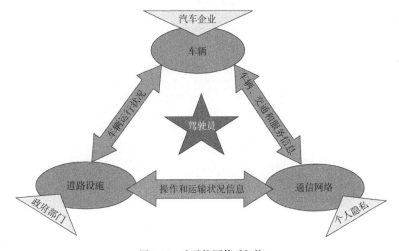

图 5-93　车路协同体系架构

2. 车路协同系统重点项目

(1)交叉口避碰系统(CICAS)。

交叉口避碰系统架构如图 5-94 所示。

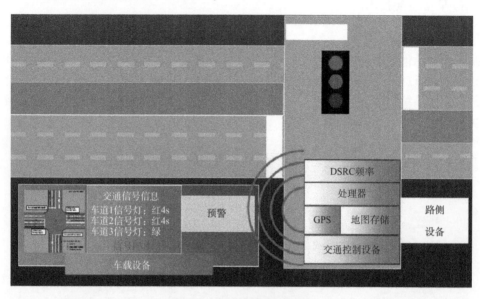

图 5-94　交叉口避碰系统架构

CICAS 应用场景如图 5-95 所示。

图 5-95　CICAS 应用场景

交叉口车路协同示例如图 5-96 所示。

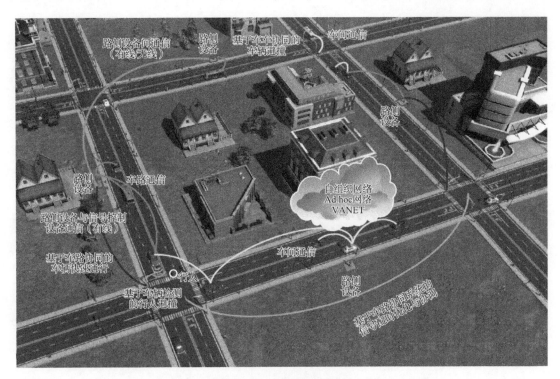

图 5-96 交叉口车路协同示例

(2)智能安全车路系统(SAFESPOT)。

智能安全车路系统架构如图 5-97 所示。

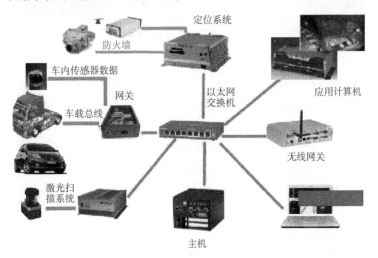

图 5-97 智能安全车路系统架构

(3)智能型公路系统(ASH)。

智能型公路系统架构如图 5-98 所示。

(4)车路协同发展趋势。

车路协同发展趋势如图 5-99 所示。

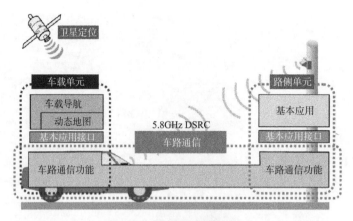

图5-98 智能型公路系统架构

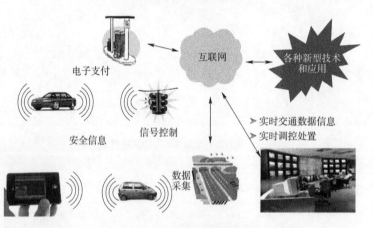

图5-99 车路协同发展趋势

> 拓展阅读

在ADAS和车联网的发展势头下,现存的车载网络架构急需变革。伴随着ADAS的传感器数量不断增加(摄像头、毫米波雷达和激光雷达等)和包括停车辅助、车道偏离预警、夜视辅助、自适应巡航、碰撞避免、盲点侦测、驾驶者疲劳探测等的使用场景不断丰富,带来车载数据量的激增。以配备有五个雷达传感器和两个视频系统的车辆(加上额外的其他测量值)为例,在采集和存储期间,需要管理大约1GByte/s的海量数据。车联网对数据传输速率的要求也相当高,以信息服务类场景需求为例,下行速率可达500Mbit/s~1Gbit/s。传统MOST的速率为150Mbit/s,很难满足高清视频、图像数据等相关需求。

随着车辆需要越来越多的数据来支持高级驾驶辅助系统(ADAS)和自动驾驶,未来汽车中需要有一个通用的高带宽网络,来替代目前的部分网络。这种协议因支持较高的速率传输,又对于链路连接形式有归一性,使整车链接种类降低,成本降低,同时能将汽车轻松简便扁平化地连接世界。以太网是从雷达(LiDAR)和此类系统所需的众多摄像头传输数据的合适选择。车载以太网具有大带宽、低延时、低电磁干扰、低成本等优点,成为智能网联汽车应用的关键选择。车载以太网工作在10~10000Mbit/s之间,可广泛应用于娱乐、ADAS、车联网等系统中。以太网会成为域间控制器网络的网络骨干介质,并用于代替现有串行网络(如 MOST 和 FlexRay),未来高速总线将以以太网为主,并且以太网会在中速总线领域和 CAN 形成竞争关系,这两种总线都有机会被应用于底盘控制、主动安全和 ADAS 系统。

技能实训

(一) 车载网络认知

1. 准备工作

1) 任务要求

(1) 对车载网络进行认知。

(2) 分析车载网络发展趋势。

2) 组织方式

(1) 在教师的引导下分组,以小组为单位学习相关知识;每组人数不少于 3 人,分别负责主操作、辅助记录、安全监督。

(2) 依据操作规范实车认知车载网络,小组内互相讲述车载网络基本知识。

(3) 依据规范,小组工作对传感器进行检测。

3) 实施准备

(1) 安全要求及注意事项。

学员进入实训区务必穿戴劳动防护用品,严格遵守实训区 5S 作业规程。

严禁非专业人员或无实训教师在场的情况下私自对车辆上的部件进行移除或安装。

(2) 场地设施。

满足理论及实践教学的工学一体化教学教室和实训场地。

(3) 工具设备或耗材。

工具设备或耗材见表 5-11。

工具设备或耗材　　　　表 5-11

名称及数量	实物图片
自动驾驶小车 4 辆	

2. 实施步骤

(1) 观察所用车辆,查找资料,说出所用车型的车载网络包括哪些。

(2)了解完车载以太网,在组长的组织下,讨论现有的主流车载网络技术并完成表5-12。

车载网络的发展阶段记录表　　　　　　　　　　表5-12

时间		主题	车载网络的发展阶段
主持人		成员	
讨论内容记录			

(二)CAN总线检修

1. 准备工作

1)任务要求

(1)掌握CAN总线的工作原理。

(2)对CAN总线进行检测。

2)组织方式

(1)在教师的引导下分组,以小组为单位学习相关知识;每组人数不少于3人,分别负责主操作、辅助记录、安全监督。

(2)依据操作规范实车认知CAN总线,小组内互相讲述CAN总线的工作原理。

(3)依据规范,对CAN进行检测。

3)实施准备

(1)安全要求及注意事项。

学员进入实训区务必穿戴劳动防护用品,严格遵守实训区5S作业规程。

严禁非专业人员或无实训教师在场的情况下私自对相关车辆部件进行移除或安装。

(2)场地设施。

满足理论及实践教学的工学一体化教学教室和实训场地。

(3)工具设备或耗材。

工具设备或耗材见表5-13。

工具设备或耗材　　　　　　　　　　表5-13

名称及数量	实物图片
自动驾驶小车4台	

续上表

名称及数量	实物图片
示波器 4 个	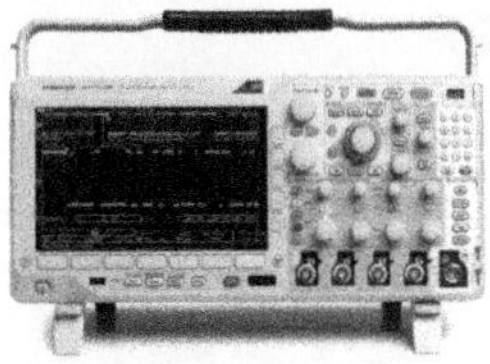 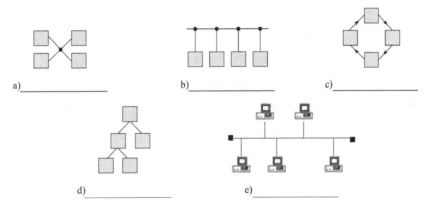

2. 实施步骤

1) CAN 总线基础知识

查找资料,了解 CAN 网络拓扑根据几何图形的形状可以分为哪几种类型,根据图片写出对应的名称,如图 5-100 所示。

a)＿＿＿＿＿＿＿＿ b)＿＿＿＿＿＿＿＿ c)＿＿＿＿＿＿＿＿

d)＿＿＿＿＿＿＿＿ e)＿＿＿＿＿＿＿＿

图 5-100　CAN 网络拓扑

2) CAN 总线检测

按照以下操作方法,测量动力 CAN 总线终端电阻为＿＿＿＿＿＿。所用车型为＿＿＿＿＿＿,判断终端电阻数值是否正常。如图 5-101 所示。

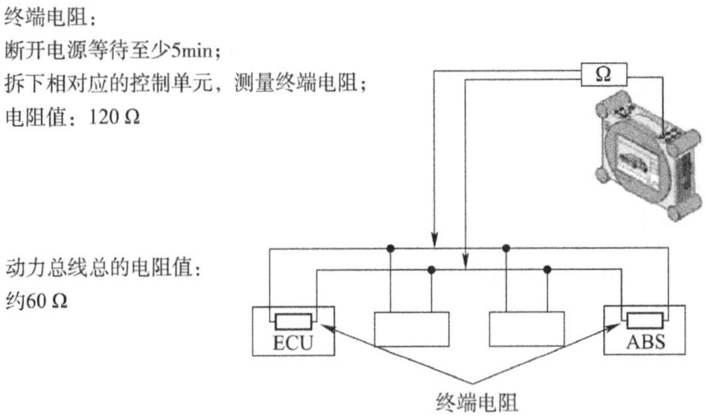

终端电阻:
断开电源等待至少5min;
拆下相对应的控制单元,测量终端电阻;
电阻值:120 Ω

动力总线总的电阻值:
约60 Ω

图 5-101　CAN 总线终端电阻测量

3)测量动力 CAN 总线波形

(1)请用示波器测量动力 CAN 总线波形。时间轴调整为 10ms/div,电压轴调整为 0.5V/div;采用双通道进行测量,两个黑表笔搭铁,两个红表笔分别测量 CAN_H 和 CAN_L;画出测出的波形,如图 5-102 所示。

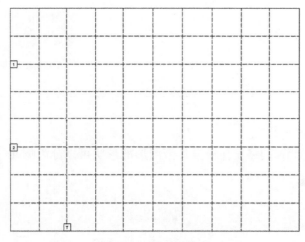

图 5-102　CAN 总线波形

(2)将动力 CAN_H 总线对地短路,观察波形变化;将 CAN_H 对正极短路,观察波形变化,此时,动力系统——(是;否)正常工作,表明动力系统——(有;无)单线工作模式。

(三)LIN 总线检测

1. 准备工作

1)任务要求

(1)掌握 LIN 总线的工作原理。

(2)对 LIN 总线进行检测。

2)组织方式

(1)在教师的引导下分组,以小组为单位学习相关知识;每组人数不少于 3 人,分别负责主操作、辅助记录、安全监督。

(2)依据操作规范实车认知 LIN 总线,小组内互相讲述 LIN 总线的工作原理。

(3)依据规范,对 LIN 总线进行检测。

3)实施准备

(1)安全要求及注意事项。

学员进入实训区务必穿戴劳动防护用品,严格遵守实训区 5S 作业规程。

严禁非专业人员或无实训教师在场的情况下私自对车辆及相关部件进行移除或安装。

(2)场地设施。

满足理论及实践教学的工学一体化教学教室和实训场地。

(3)工具设备或耗材。

工具设备或耗材见表 5-14。

工具设备或耗材　　　　　　　　　　　　　　　　　　　　表 5-14

名称及数量	实物图片
自动驾驶小车 4 台	
示波器 4 个	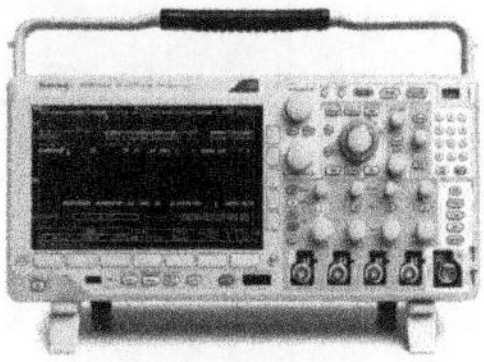

2. 实施步骤

(1) LIN 总线基础知识。

查找资料,试比较 LIN 与 CAN 有什么区别,并完成表 5-15。

LIN 与 CAN 的比较　　　　　　　　　　　　　　　　　　表 5-15

特性	LIN	CAN
工作方式		
仲裁机制		
物理层(数据传输线)		
总线传输速率(bit/s)		
总线最远传输距离		
信息标识符(ID)位数(bit)		
总线最大节点数		
每帧信息数据量(Byte)		
错误检测		
石英/陶瓷振荡器		

(2) 查找资料,以奥迪 A6 轿车为例,说明 LIN 总线在汽车中的实际应用。奥迪 A6 轿车 LIN 总线系统组成及元件位置分布如图 5-103 所示。

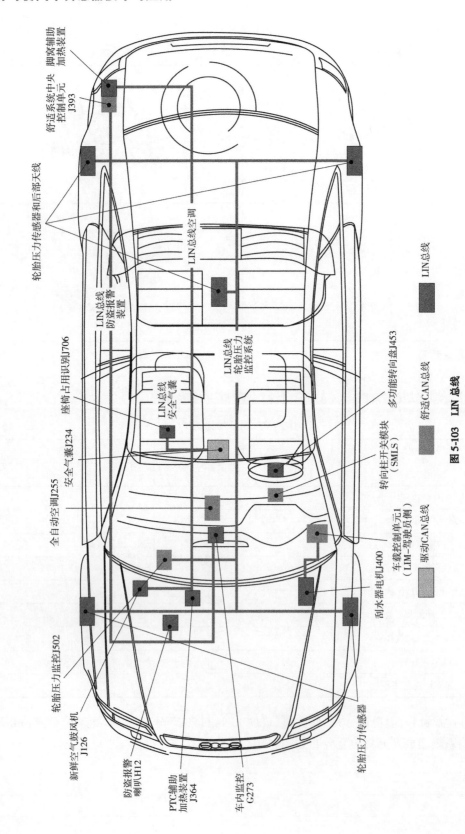

图 5-103 LIN 总线

(3)测量 LIN 总线。

用示波器测量 LIN 总线波形。时间轴调整为 1ms/div,电压轴调整为 2v/div;

采用单通道进行测量,黑表笔搭铁,红表笔测量 LIN 线,在图 5-104 中画出测出的波形。线性电压为_____V,隐性电压为_____V。

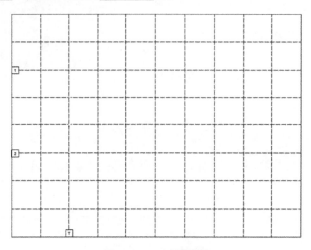

图 5-104　LIN 总线波形

(四)数据共享技术认知

1. 准备工作

1)任务要求

(1)掌握智能网联汽车的 V2X 含义和功能。

(2)能够分析移动网络通信技术的发展。

2)组织方式

(1)在教师的引导下分组,以小组为单位学习相关知识;每组人数不少于 3 人,分别负责主操作、辅助记录、安全监督。

(2)学习智能网联汽车的 V2X 含义和功能,小组内互相讲述。

(3)依据规范,了解智能网联汽车 V2X 的实现方式。

3)实施准备

(1)安全要求及注意事项。

学员进入实训区务必穿戴劳动防护用品,严格遵守实训区 5S 作业规程。

严禁非专业人员或无实训教师在场的情况下私自对车辆及相关部件进行移除或安装。

(2)场地设施。

满足理论及实践教学的工学一体化教学教室和实训场地。

(3)工具设备或耗材。

工具设备或耗材见表 5-16。

工具设备或耗材　　　　　　　　　　　　　　　　　表 5-16

名称及数量	实物图片
自动驾驶小车 4 台	

2. 实施步骤

1）V2X 综述

(1) 网上查找资料，了解：V2X 是什么？V2X 有哪些关键技术组成？

_____

_____

_____

_____

(2) 网上查找资料，车辆自身与外界车辆之间的信息交换内容，主要包括那几点？

_____

_____

_____

_____

2）移动网络通信技术

(1) 查找资料，了解移动网络通信技术的发展，并完成表 5-17。

移动网络通信技术的发展　　　　　　　　　　　　　表 5-17

技术名称	出现年份	最高传输速率

(2)查找资料,说说5G网络的关键技术包括什么,并完成表5-18。

5G网络的关键技术内容　　　　　　　　　　　　　　　　表5-18

时间		主题	5G网络的关键技术内容
主持人		成员	
讨论内容记录			

3)物联网无线通信技术

查找资料,试比较LoRa与NB-IoT的参数,并完成表5-19。

LoRa与NB-IoT的参数对比　　　　　　　　　　　　　　　表5-19

技术参数	NB-IoT	LoRa
技术特点		
网络部署		
使用频段		
传输距离		
速率		
连接数量		
终端电池持续工作时间		
终端设备中项目的成本		

(五)评价与反馈

1. 自我评价与反馈(100分)

(1)是否遵守课堂纪律、是否认真听讲,占20%,成绩为_____。

(2)团队合作意识、尊重团队成员(包括老师和其他同学),占30%,成绩为_____。

(3)学习任务(工作任务)完成情况,占40%,成绩为_____。

(4)5S现场管理及环保意识、成本控制意识,占10%,成绩为_____。

自我评价与反馈的成绩为_____。

2. 小组评价与反馈(100分)

(1)是否遵守课堂纪律、是否认真听讲,占20%,成绩为_____。

(2)团队合作意识、尊重团队成员(包括老师和其他同学),占30%,成绩为_____。

(3)学习任务(工作任务)完成情况,占40%,成绩为_____。

(4)5S现场管理及环保意识、成本控制意识,占10%,成绩为_____。

小组评价与反馈的成绩为_____。

3. 教师评价与反馈(100分)

(1)是否遵守课堂纪律、是否认真听讲,占20%,成绩为_____。

(2)团队合作意识、尊重团队成员(包括老师和其他同学),占30%,成绩为_____。

(3)学习任务(工作任务)完成情况,占40%,成绩为_____。

(4)5S现场管理及环保意识、成本控制意识,占10%,成绩为_____。

教师评价与反馈的成绩为_____。

4. 综合评价

综合成绩=自我评价与反馈成绩×30%+小组评价与反馈成绩×40%+教师评价与反馈成绩×30%。

综上,综合评价的最终成绩为_____。

思考与练习

一、判断题

1. MOST总线采用的是光纤传输。（   ）
2. CAN总线采用的是双绞线传输。（   ）
3. LIN总线采用的是单线传输。（   ）
4. LIN总线各个控制单元之间是同级的,不存在主从关系。（   ）
5. CAN总线数据传输时各控制单元不存在优先权。（   ）

二、选择题

1. LIN总线传输速度为20kbit/s,属于哪类网络(   )。
   A. A类　　　　B. B类　　　　C. C类　　　　D. D类

2. 与CAN网相比不属于LIN网的劣势的是(   )。
   A. 结构烦琐　　B. 结构简单　　C. 价格低廉　　D. 传输速率低

3. 汽车网络大多属于(   )拓扑结构的局域网。
   A. 线形　　　　B. 星形　　　　C. 环形　　　　D. 方形

4. 目前CAN总线系统最多可以连接(   )个节点。
   A. 30　　　　　B. 60　　　　　C. 110　　　　 D. 200

5. 在LIN-BUS总线中,仅使用一根(   )V的总线连接。
   A. 12　　　　　B. 10　　　　　C. 5　　　　　 D. 24

模块六 传感器融合技术应用

▶ 知识目标
1. 知道传感器调试与标定；
2. 知道多传感器融合案例。

▶ 技能目标
1. 能调试与标定传感器；
2. 能进行多传感器融合。

▶ 素养目标
1. 学会自主式学习；
2. 具备团队合作能力；
3. 能积极主动参与任务，能与小组成员团结协作，能执行实训室 5S 规定。

建议课时
6 课时

一 传感器调试与标定

（一）多传感器融合技术

1. 高级驾驶辅助系统

高级驾驶辅助系统（Advanced Driving Assistance System，ADAS）是利用安装在车上的各式各样传感器（毫米波雷达、激光雷达、单\双目摄像头以及卫星导航），在汽车行驶过程中随时来感应周围的环境，收集数据，进行静态、动态物体的辨识、侦测与追踪，并结合导航仪地图数据，进行系统的运算与分析，从而预先让驾驶者察觉到可能发生的危险，有效增加汽车驾驶的舒适性和安全性。汽车 ADAS 系统如图 6-1 所示。

实现 ADAS 的技术主要有三类，分别基于视觉传感器、毫米波雷达和激光雷达。由于激光雷达成本较高，目前主要使用视觉传感器、毫米波雷达。

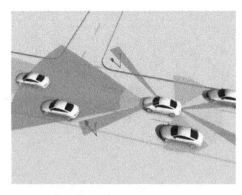

图 6-1 汽车 ADAS 系统

（1）基于视觉传感器：需要先进行目标识别，然后根据目标在图像中的像素大小来估算目标的距离。

（2）基于毫米波雷达：毫米波雷达主要是通过对目标物发送电磁波并接受回波来获得目标物体距离、速度和角度。

（3）基于激光雷达：成本高。

将视觉传感器和雷达进行融合，相互配合共同构成汽车的感知系统，取长补短，实现更稳定可靠的 ADAS 功能。

2. 优缺点

假设采用视觉传感器为主、毫米波雷达为辅的方案，则基本思路是将毫米波雷达返回的目标点投影到图像上，围绕该点并结合先验知识，生成一个矩形的感兴趣区域，然后只对该区域内进行目标检测。

1）优点

这个方案的优点是：可以迅速地排除大量不会有目标的区域，极大地提高识别速度。对于前碰撞系统（FCWS），它可以迅速排除掉雷达探测到的非车辆目标，增强结果的可靠性。利用毫米波返回的目标的距离、角度、速度信息来进行碰撞时间计算，以达到预警功能，实现行人/车辆在预警时间阈值内预警，避免单目视觉距离测量及障碍物速度估计不准的问题。

2）缺点

这个方案缺点如下：

（1）实现起来有难度。理想情况下雷达点出现在车辆中间。首先因为雷达提供的目标横向距离不准确，再加上视觉传感器标定的误差，导致雷达的投影点对车的偏离可能比较严重。只能把感兴趣区域设置的比较大，但感兴趣区域过大后导致里面含有不止一辆车，这个时候目标就会被重复探测，这会造成目标匹配上的混乱。交通拥挤的时候尤其容易出来这种情况。

（2）噪声问题。对于性能比较差的毫米波，返回的目标点中包含了大量的噪声点，将这些点投影到图像上将会存在大量的矩形框，反而造成了程序的耗时。

（二）联合标定分析

建立精确的毫米波雷达坐标系、三维世界坐标系、摄像机坐标系、图像坐标系和像素坐标系之间的坐标转换关系，是实现毫米波和视觉融合的关键。毫米波雷达和视觉传感器坐标系设立如图 6-2 所示。

毫米波雷达与视觉传感器在空间的融合就是将不同传感器坐标系的测量值转换到同一个坐标系中。由于 ADAS 前向视觉系统以视觉为主，因此，只需将毫米波雷达坐标系下的测量点通过坐标系转换到摄像机对应的像素坐标系下即可实现两者空间同步。首先解决两传感器之间的标定问题：将毫米波检测的目标转换到图像上。

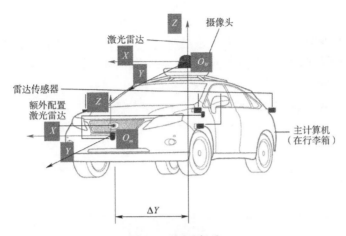

图6-2 雷达坐标系

其目的是将毫米波雷达的坐标转换到图像的对应位置上去。在视觉传感器位置处建立三维世界坐标系,在点的转换过程中可以分为以下几个步骤:

(1)毫米波雷达坐标系下的坐标转换到以视觉传感器为中心的世界坐标系中。

(2)将世界坐标系的坐标转换到视觉传感器坐标系。

(3)将视觉传感器坐标系的坐标转换到图像坐标系。

1.毫米波雷达坐标到世界坐标的转换

毫米波雷达可以得到目标的 x,y 坐标信息,没有目标的 z 坐标信息。将毫米波雷达坐标系 O_m 到世界坐标系 O_W 的转换看作二维 X-Y 坐标系的转换,O_m 和 O_W 之间的关系有平移和旋转两种。

对图6-3所示关系进行推导,毫米波雷达坐标到世界坐标的转换关系为

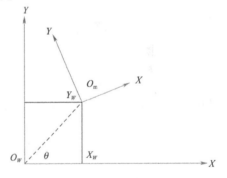

图6-3 毫米波雷达坐标到世界坐标的转换

$$\begin{bmatrix} X \\ Y \\ 1 \end{bmatrix} = \begin{bmatrix} \cos\theta & -\sin\theta & X_W \\ \sin\theta & \cos\theta & Y_W \\ 0 & 0 & 1 \end{bmatrix} \begin{bmatrix} X_{wave} \\ Y_{wave} \\ 1 \end{bmatrix} \quad (6\text{-}1)$$

转换矩阵是由两部分组成:由角度所带来的旋转矩阵和平移产生的平移矩阵。其中,平移矩阵的平移量可以理解为毫米波雷达在世界坐标系的坐标,即毫米波雷达到视觉传感器的距离。因此,平移矩阵可以很好求出,直接利用卷尺就可以测量得到。如果毫米波雷达安装位置合适,也可以理解旋转矩阵为0。

2.世界坐标到像素坐标的转换

得到的世界坐标值是二维的,只有 x,y 值,没有 z 值,这个可以利用先验知识予以给定。

假设毫米波雷达得到的点是物体的中心点,利用物体的宽度和高度信息,便可以得到其 z 坐标信息。由于方案是用于车辆和行人检测,假设目标的宽度 $W=1.6\text{m}$,高度 $H=1.8\text{m}$。可以得到目标点的世界坐标为 $(x,y,-H/2)$,注意 z 值是负值。

由于我们的目的是在图像上将目标框出,因此,需要的是目标的左上顶点和右下顶点的

坐标值,将这两个点转换到图像上,即可得到目标的矩形区域。

根据3个已知变量的值加上视觉传感器外参,可以很容易求出像素坐标(u,v)。

由于上面两个转换过程涉及外参问题,转换前提是需要先已知外参。

3. 代码运行环境

(1)操作平台:Windows 2000以上版本或Linux等操作系统;

(2)运行工具:visual studio 2013或者更高版本;

(3)框架:ARM框架;

(4)编程语言:C++编码。

4. 示例代码

```
//====================================================================
//Createdbylihengon19-3-7.
//Program:动态调节相关参数,查找最优的外参,得到毫米波坐标到图像坐标的转换
//Data:2019.3.7
//Author:liheng
//Version:V1.0
//====================================================================
#include "typedef. h"
#include < opencv2/opencv. hpp >
#include < iostream >
#include "WaveRadar2Image. h"
#include "CGetVideo. h"
//网口视觉传感器
//CGetVideom_getVideo(18072414);//网口视觉传感器编号:
1736906912.5;18072414

CGetVideom_getVideo("/home/liheng/car_distance_22m. avi");
Void onChange(int value,void * param)
{
//获取 waveX,waveY
//X:0-10,对应-5--5
//Y:0-10 对应0-50
Float k_waveX = ( -5-5.0)/(0-10.0);
Float b_waveX = -5.0 - k_waveX *0;
//获取 pitch,yaw 角度
//0-3000,0 对应-30.0;3000 对应30.0;
```

//x0 3000.0
//y-30.0 30.0
Float k_pitch = (-30.0-30.0)/(0-3000.0);
Float b_pitch = -30.0 - k_pitch * 0;
Float k_yaw = (-30.0-30.0)/(0-3000.0);
Float b_yaw = -30.0 - k_yaw * 0;
Float waveX = (float)cv::getTrackbarPos("waveX/m","TrackBar");
waveX = k_waveX * waveX + b_waveX;
Float waveY = (float)cv::getTrackbarPos("waveY/m","TrackBar");
Float pitch = (float)cv::getTrackbarPos("pitch/°(-30°-30°)","TrackBar");
pitch = k_pitch * pitch + b_pitch;
Float yaw = (float)cv::getTrackbarPos("yaw/°(-30°-30°)","TrackBar");
yaw = k_yaw * yaw + b_yaw;
//获取 theta
Float k_theta = (-30.0-30.0)/(0-3000.0);
Float b_theta = -30.0 - k_theta * 0;
Float theta = (float)cv::getTrackbarPos("theta/°(-30°-30°)","TrackBar");
theta = k_theta * theta + b_theta;
=================================== 图 像 处 理 ==================================
cv::MatposInImage,posInCamera;
cv::Matsrc = *(cv::Mat*)param;
cv::Matdst;dst.release();
{
ADAS::CameraParacameraPara;
cameraPara.fu = 2270.512;
cameraPara.fv = 2271.165;
cameraPara.cu = 669.0744;//
cameraPara.cv = 382.6168;
cameraPara.height = 1750;//mm
cameraPara.pitch = pitch * (CV_PI * 1.0/180.0);
cameraPara.yaw = yaw * (CV_PI * 1.0/180.0);
cameraPara.roll = 0;
cameraPara.image_width = 1280;
cameraPara.image_height = 720;
waveY = 22.0;

```
cameraPara. camera2wave_radian = theta( CV_ * 1.0/180.0);
cameraPara. waveInCamera. =0;//mm;
cameraPara. waveInCamera. y =0;
cameraPara. objectHeight = 1000.0;//mm
cameraPara. object Width = 1500.0;//mm
WaveRadar2ImagewaveRadar2Image( cameraPara);
cv::MatposIn Wave( cv::Mat_ float >(2,1) < <waveX,waveY);
waveRadar2Image. Transform WRadar2Image2( posInWave,posInImage,posInCamera);
dst = src. clone();
if( dst. Channels() = =1)
cv::cvtColor( dst,dst,CV_GRAY2BGR);
cv::Mattemp( 100,dst. cols,CV_8UC3,cv::Scalar(255,255,255));
cv::vconcat( dst,temp,dst);
Int nObjectNum = posInImage. cols;
for( inti =0;i! = nObjectNum; + +i)
{
cv::rectangle( dst,cv::rect( posInImage. at < float >(0,i),posInImage. At < float >(1,i),pos-
InImage. at <float >(2,i),posInImage. at < float >(3,i)),cv::Scalar(0,255,0),2);
cv::circle( dst,cv::Point( posInImage. At < float >(0,i) + posInImage. at < float >(2,i)/2,
posInImage. at < float >(1,i) + posInImage. at <float >(3,i)/2),3,cv::Scalar(0,255,0),4);
//std::cout < < "widthinpixel = " < < posInImage. at < float >(2,i) < < std::endl;
}
cv::circle( dst,cv Point( cameraPara. cu,cameraPara. cv),6,cv::Scalar(0,0,255),10);
}
//cv::rectangle( dst,cv::Point(0,0),cv::Point(220,110),cv::Scalar(255,255,0),1);
Int nHeight = dst. rows;
Int nWidth = dst. cols;
cv::line( dst,cv::Point( nWidth/2,0),cv::pont( nWidth/2,nHeight),cv::Scalar(0,0255),2);
cv::line( dst,cv::Point( o,nHeight/2),cv::Point( nWidth,nHeight/2),cv::Scalar(0,0,255),2);
cv::line( dstv::Point( nWidth/4,0),cv::Point( nWidth/4,nHeight),cv::Scalar(0,0,255,1);
cv::line( dst,cv::Point( nWidth * 3/4,0),cv::Point( n Width * 3/4,nHeight),cv::Scalar(0,
0,255),1);
cv::line( dst,cv::point(0,nHeight/4),cv::Point( nWidth,nHeight/4),cv::Scalar(0,0,255),1);
cv::line( dst,v::Point(0,nHeight * 3/4),cv::Point( nWidth,nHeight * 3/4),cv::Scalar(0,0,
255),1);
Char info[256];
sprintf( info,"waveX:%.2f",waveX);
```

cv::putText(dst,info,cv::Point(0,20),cv::FONT_HERSHEY_SIMPLEX,0.8,c::Scalar(0,255,0),2);sprintf(info,"waveY:%.2f",waveY);

cv::putText(dst,info,cv::Point(0,45),cv:FONT_HERSHEY_SIMPLEX,0.8,cv::Scalar(0,255,0),2);

sprintf(info,"theta:%.1f",theta);

cv::putText(dst,info,cv::Point(0,70),cv::FONT_HERSHEY_SIMPLEX,0.8,cv::Scalar(0,255,0),2);sprintf(info,"cameraX:%o.2f",posInCamera.at<float>(0,0));

cv::putText(dst,info,cv::Point(0,95),cv::FONT_HERSHEY_SIMPLEX,0.8,cv::Scalar(0,255,0),2);

sprintf(info,"cameraY:%.2f",posInCamera.at<float>(1,0));

cv::putText(dst,info,cv::Point(,120),cv::FONT_HERSHEY_SIMPLEX,0.8,cv::Scalar(0,255,0),2);

sprintf(info,"pitch%.1f",pitch);

cv::putText(dst,info,cv::Point(0,145),cv::FONT_HERSHEY_SIMPLEX,0.8,cv::Scalar(0,255,0),2);

sprintf(info,"yaw:%.1f",yaw);

cv::putText(dst,info,cv::Point(,170),cv::FONT_HERSHEY_SIMPLEX,0.8,cv::Scalar(0,255,0),2);

cv::imshow("TrackBar",dst);

}

Int main()

{

cv::Matsrc;

//src=cv:imread("../000658.png",0);//读入灰度图

cv::named Window("Track Bar",CV_WINDOW_AUTOSIZE);

//创建滑动条

Int waveX=5;

cv::createTrackbar("waveX/m","TrackBar",&waveX,10,onChange,&src);

WaveX=5;

cv::createTrackbar("waveY/m","TrackBar",&waveX,10,onChange,&src);

waveX=1500;

cv::createTrackbar("pitch/°(-30°-30°)","TrackBar",&waveX,3000,onChange,&src);

cv::createTrackbar("yaw/°(-30°-30°)","TrackBar",&waveX,3000,onChange,&src);

//毫米波和视觉传感器

```
waveX = 1500;
cv::createTrackbar("theta/°(-30°-30°)","TrackBar",&waveX,3000,onChange,&src);
//onChange(0,&src);
/加载视频进行测试
//cv:VideoCapturevideoCapture;
//videoCapture.open("/home/zxkj/视频/18_11_11_11_1_59.avi");
//videoCapture.open("/home/liheng/CLion/kitti/0/left/%o6d.png");
//if(!videoCapture.isOpened())
//return -1;
Int nWaitTime = 0;
while(true)
{
src.release();
m_get Video.Get VideoFrame(src);
//videoCapture > >src;
if(src.empty())
break;
onChange(0,&src);
Char chKey = c::waitKey(nWaitTime);
if(chKey = =27)break;
if(chKey = =" ")nWaitTime = ! nWaitTime;
}
}
```

程序实现如图6-4所示,通过拖动滑动条,当界面上矩形框移到期待位置后,可以采用此时的视觉传感器外参以及毫米波雷达与视觉传感器的夹角作为计算参数。

图6-4 建立精确的毫米波雷达坐标系

至此,毫米波雷达与视觉传感器的联合标定结束,完成了空间上雷达检测目标匹配至图像的工作。

二 多传感器融合案例

(一)激光雷达与摄像头性能对比

在自动驾驶环境感知设备中,激光雷达和摄像头分别有各自的优缺点。

激光雷达的优点在于,其探测距离较远,而且能够准确获取物体的三维信息;另外,它的稳定性相当高,鲁棒性好。但目前激光雷达成本较高,而且产品的最终形态也还未确定。

摄像头的优点是成本低廉,用摄像头做算法开发的人员也比较多,技术相对比较成熟。摄像头的劣势有二:第一,获取准确三维信息非常难(单目摄像头几乎不可能,也有人提出双目或三目摄像头去做);第二,受环境光限制比较大。

就两种传感器应用特点来讲,激光雷达和摄像头都可用于进行车道线检测。除此之外,激光雷达还可用于路牙检测。对于车牌识别以及道路两边,比如限速牌和红绿灯的识别,主要还是用摄像头来完成。如果对障碍物的识别,摄像头可以很容易通过深度学习把障碍物进行细致分类。但对激光雷达而言,它对障碍物只能分一些大类,但对物体运动状态的判断主要靠激光雷达完成。

(二)激光雷达和摄像头在自动驾驶汽车上的作用

自动驾驶过程中,环境感知信息主要有行驶路径上的感知和周边物体感知。

行驶路径上的感知,对于结构化道路可能要感知的是行车线,就是对车道线以及道路的边缘、道路隔离物以及恶劣路况的识别;对非结构道路而言,其实会更加复杂。

周边物体感知就是对可能影响车辆通行性、安全性的静态物体和动态物体的识别,包括车辆、行人以及交通标志的识别。自动驾驶车辆环境感知传感器如图6-5所示。

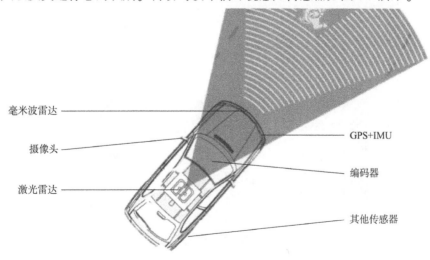

图6-5　自动驾驶车辆环境感知传感器

对于环境感知所需要的传感器,包括激光雷达、摄像头和毫米波雷达这三类;实现自动驾驶汽车定位的传感器,就是 GPS、IMU 和 Encoder(编码器);其他传感器,指的是感知天气情况及温度、湿度的传感器。

1. 激光雷达的作用

激光雷达完成的工作有三方面。第一是路沿检测,也包括车道线检测;第二是障碍物识别,对静态物体和动态物体的识别;第三是定位以及地图的创建,如图 6-6 所示。

图 6-6　激光雷达的作用

(1)路沿检测。

对路沿检测分为三个步骤:拿到原始点云,地面点检测、提取路沿点,通过路沿点的直线拟合,可以把路沿检测出来,如图 6-7 所示。

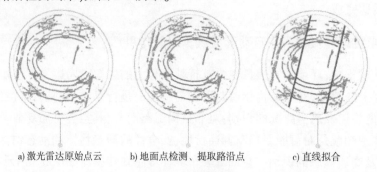

a)激光雷达原始点云　　b)地面点检测、提取路沿点　　c)直线拟合

图 6-7　路沿检测

(2)障碍物识别。

将行人、卡车和轿车以及路障等信息识别出来,如图 6-8 所示。

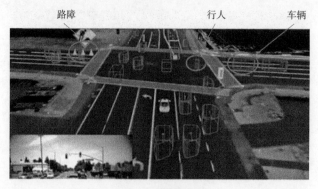

图 6-8　障碍物识别

障碍物的识别有两步:激光雷达获取三维点云数据和对障碍物进行聚类,以识别在道路上的障碍物。识别出的障碍物可能是动态的也可能是静态的。

最难的部分就是把道路上的障碍物聚类后提取物体三维信息。获取到新物体之后,会把这个物体放到训练集里,然后用 SVM 分类器把物体识别出来,如图 6-9 所示。

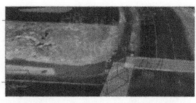

图 6-9 障碍物识别步骤

如图 6-10 所示,左上角、左下角是车还是人,对于机器而言,它是不清楚的。右上角和右下角是做的训练集。做训练集是最难的,相当于要提前把不同物体做人工标识,而且这些标识的物体是在不同距离、不同方向上获取到的。

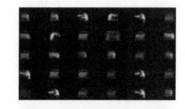
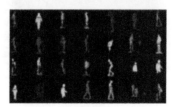

三维信息提取　　　　　　　　　　　　　　训练集

图 6-10 激光雷达的识别训练

对每个物体,我们可能会把它的反射强度、横向和纵向的宽度以及位置姿态作为它的特征进行提取,进而做出数据集用于训练。最终的车辆、行人、自行车等物体的识别是由 SVM 分类器来完成。

(3)定位以及地图的创建。

利用激光雷达进行辅助定位。定位理论有两种:基于已知地图的定位方法以及基于未知地图的定位方法。基于已知地图定位方法,就是事先获取自动驾驶车的工作环境地图(高精度地图),然后根据高精度地图结合激光雷达及其他传感器通过自动驾驶定位算法获得准确的位置估计。现在普遍采用的是基于已知地图的定位方法,如图6-11所示。

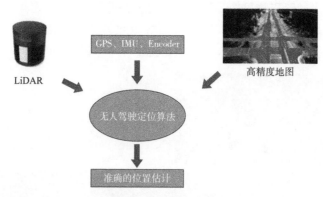

图6-11 激光雷达的定位

制作高精度地图也是一件非常困难的事情。举个例子,探月车在月球上,原来不知道月球的地图,只能靠机器人在月球上边走边定位,然后感知环境,相当于在过程中既完成了定位又完成了制图,也就是同步定位与建图(Simultaneous Localization and Mapping,SLAM)技术,如图6-12所示。

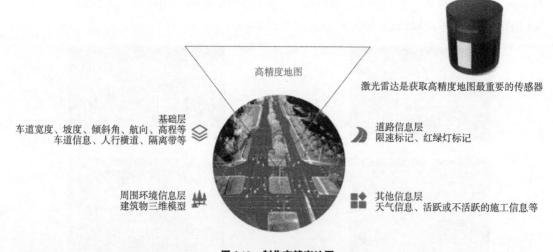

图6-12 制作高精度地图

激光雷达是获取高精度地图非常重要的传感器。通过GPS、IMU和Encoder对汽车做一个初步位置的估计,然后再结合激光雷达和高精度地图,通过自动驾驶定位算法最终得到汽车的位置信息。

高精地图可分为基础层、道路信息层、周围环境信息层和其他信息层。

基础层有车道的宽度、坡度、倾斜角、航向、高程、车道线信息、人行道和隔离带等。信息层,相当于告诉每一个道路上限速的标记、红绿灯标记。周围环境信息层,相当于周围建筑物的三维模型。其他信息层,比如天气信息、施工信息等。天气信息非常重要,它提供一个场景信息,比如天气非常恶劣或下雨天,如果高精度地图能提供天气信息,或者自动驾驶汽车车身所携带的传感器能够感知到下雨信息,这时非常有利于指导自动驾驶汽车做一些决策。

现在对高精度地图的定义，不同地图厂家有不同定义的方式。做高精度地图是为了辅助自动驾驶。所谓高精度地图就是相比之前的导航地图，其精确度更高，可以达到厘米级。另外就是高精度地图包含更多的信息，比如车道的宽度、倾斜度等信息。

2. 摄像头的作用

在自动驾驶环境感知中，摄像头完成的工作包括：车道线检测、障碍物检测、交通标志识别等，如图 6-13 所示。

a) 车道线检测　　　　　　　b) 障碍物检测　　　　　　　c) 交通标志识别

图 6-13　摄像头自动驾驶环境感知

（1）车道线的检测。

对车道线的检测主要分成以下三个步骤。

第一步，对获取到的图片预处理。拿到原始图像后，先通过处理变成一张灰度图，然后做图像增强。

第二步，对车道线进行特征提取。首先把经过图像增强后的图片进行二值化（将图像上的像素点的灰度值设置为 0 或 255，也就是将整个图像呈现出明显的黑白效果），然后做边缘提取。

第三步，直线拟合。车道线检测时，某些车道线模糊或车道线被泥土覆盖、黑暗环境或雨雪天气或者光线不是特别好的情况下，对于摄像头识别和提取都会造成一定的难度，如图 6-14 所示。

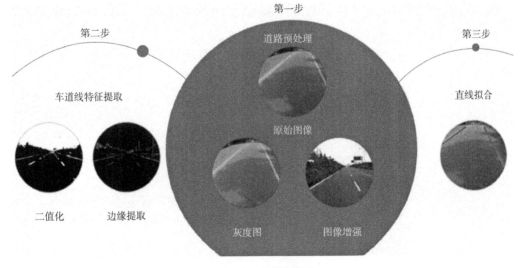

图 6-14　车道线检测

(2)障碍物检测。

障碍物检测是摄像头获取到十字路口原始图像后,通过深度学习框架对车辆、行人等物体进行识别,如图6-15所示。

(3)交通标志的识别。

摄像头对交通标识的识别比如识别红绿灯和限速牌,如图6-16所示。

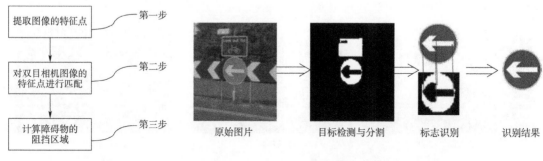

图6-15 障碍物检测　　　　　图6-16 摄像头对交通标识的识别

(三)激光雷达与摄像头的融合

在实际行驶场景中,仅仅依赖一种类型的传感器获得的数据往往是不可靠的,例如利用摄像头能够采集图片,通过数据库的对比能够判断出物体的类别,但对于距离的判断却不尽人意,而激光雷达能够准确检测出障碍物的距离却无法判断其种类。不同的传感器有其各自的优势、劣势,但都不可避免地存在一定的时空盲区。所以,为了保证环境感知系统实时获得可靠的数据,自动驾驶汽车一般采用多种传感器同时采集数据的方式。

然而,多种传感器获得的信息具有互补性,同时也会存在矛盾。对于互补的信息,利用多元信息融合技术对原始数据进行分析、加权和综合,实现各个传感器优势互补,增大容错率,减小视野盲区。对于矛盾的信息,由于处理器在同一个时间点对于某个动作只能给出一个决策,因此,必须对原始数据进行筛选和删减,而对原始数据进行筛选和删减的过程也就是传感器进行融合的过程。

融合的第一步:标定。如图6-17所示,左上角是人看到凳子,左下角激光雷达也看到的是凳子,需要通过标定的方式告诉它,其实两个是同一个物体。

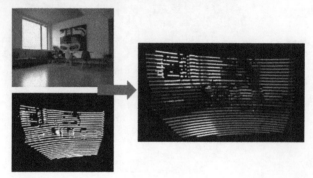

图6-17 标定

融合的第二步：根据目标设计融合算法。在实际工作过程中，我们所面对的都是在移动中的物体，所以，时刻知道周围物体的运动状态，实现动态物体跟踪就成为我们设计的预期目标，如图6-18所示。

图6-18　根据目标设计融合算法

其实，摄像头发现同一个物体是非常容易的，比如人的跟踪或车的跟踪，但对于激光雷达而言，要去识别前后帧是否同一辆车和同一个行人是非常困难的。当进行激光雷达与摄像头融合之后，通过摄像头判断前后两帧当中是否为同一物体，并将信息告知激光雷达，激光雷达就可以依据这两帧的时间对该物体的探测距离判断出物体该的运动位移和运动速度，据此，还能够实现对该物体的跟踪和预测，这对实现自动驾驶是非常有意义的。

（四）融合算法

从生物学的角度看，人类和其他动物对客观世界的认知过程，其实质就是对多源数据的融合过程。人类通过视觉、听觉、触觉等多种感官获得外界的多种信息，然后大脑依据某种准则对这些信息进行统一处理，从而获得了对该物体的统一的理解和认识。传感器融合实际上就是模仿这种由感知到认知的过程。

传感器数据融合是针对一个系统使用多个（种）传感器这一特定问题而提出的信息处理方法，可发挥多个（种）传感器的联合优势，消除单一传感器的局限性，把分布在不同位置的多个同类或不同类传感器所提供的数据资源加以综合，采用计算机技术对其进行分析加以互补，实现最佳协同效果，获得对被观测对象的一致性解释与描述，提高系统的容错性，从而提高系统决策、规划、反应的快速性和正确性，使系统获得更充分的信息。

1. 多传感器融合的过程

多传感器融合可以充分利用多传感器的优势，减小单一传感器的局限性，采集多个（种）传感器的观测信息，通过对这些数据和信息的合理支配和使用，利用其在空间或时间上的冗余或互补信息，基于优化算法进行分析、综合、支配和使用，以获得被观测对象的一致性解释或描述。

传感器融合过程如下。

（1）多个（种）传感器独立工作获得观测数据。

（2）对各传感器数据（RGB图像、点云数据等）进行预处理。

（3）对处理数据进行特征提取、变换，并对其进行模式识别处理，获取对观测对象的描述信息。

(4)在数据融合中心按照一定的准则进行数据关联。

(5)使用足够优化的算法对各传感器数据进行融合,获得对观测对象的一致性描述和解释。

2. 多传感器融合的目的

在自动驾驶汽车系统中使用多传感器融合技术主要有如下目的。

(1)提高系统感知的准确度。多种传感器联合互补,可避免单一传感器的局限性,最大程度发挥各个(种)传感器的优势,能同时获取被检测物体的多种不同特征信息,减少环境、噪声等干扰。

(2)增加系统的感知维度,提高系统的可靠性和健壮性。多传感器融合可带来一定的信息冗余度,即使某一个传感器出现故障,系统仍可在一定范围内继续正常工作,具有较高的容错性,增加了系统决策的可靠性和置信度。

(3)增强环境适应能力。应用多传感器融合技术采集的信息具有明显的特征互补性,对空间和时间的覆盖范围更广,弥补了单一传感器对空间的分辨率和环境的语义不确定性。

(4)有效减少成本。融合可以实现多个价格低廉的传感器代替价格昂贵的传感器设备,在保证性能的基础上又可以降低成本。

3. 多传感器融合结构

根据传感器信息在不同信息层次上的融合,可以将多传感器信息融合划分为 Low-level 融合、High-level 融合和混合融合结构。其中,Low-level 融合体系结构包括数据级融合和特征级融合;High-level 融合体系结构是一种决策级别融合,可以是集中式融合或者分布式融合;混合融合结构是多种 Low-level 和 High-level 融合结构组合而成。

(1)Low-level 融合。

Low-level 融合体系结构是一种较低信息层次上的融合,是集中式融合结构。集中式融合结构将各传感器获得的原始数据直接送到数据融合中心,进行数据对准、数据关联、预测等,在传感器端不需要任何处理,可以实现实时融合,其结构如图 6-19 所示。集中式融合结构具有较高的融合精度,算法灵活。但是其对处理器的要求高,计算量大,成本较高。另外,其数据流向单一,缺少底层传感器之间的信息交流,可靠性较低,实现难度较大。

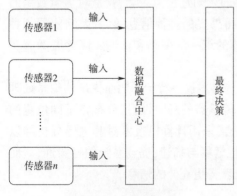

图 6-19 集中式融合结构

①数据级融合。数据级融合又称像素级融合,是最低层次的融合,直接对传感器的观测数据进行融合处理,然后基于融合后的结果进行特征提取和判断决策,其结构如图 6-20 所示。经过数据级融合以后得到的图像不论是内容还是细节都会有所增加,如边缘、纹理的提取,有利于图像的进一步分析、处理与理解,还能够把潜在的目标暴露出来,有利于判断识别潜在的目标像素点的操作。

数据融合处理的数据是最底层融合,精确到图像像素级别的,但其计算量大、处理所耗费的时间成本巨大,不利于实时处理;另外,其在进行数据通信时,容易受不稳定性、不确定性因素的影响;最后,其处理过程都是在同种传感器下进行,无法有效地处理异构数据。

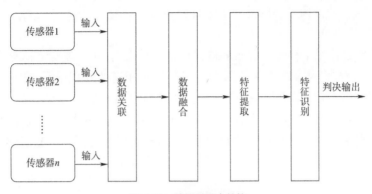

图 6-20　数据级融合结构

根据融合内容,数据级融合又可以分为图像级融合、目标级融合和信号级融合。图像级融合以视觉为主体,将雷达输出的整体信息进行图像特征转化,与视觉系统的图像输出进行融合;目标级融合是对视觉和雷达的输出进行综合可信度加权,配合精度标定信息进行自适应的搜索匹配后融合输出;信号级融合是对视觉和雷达传感器 ECU 传出的数据源进行融合,其数据损失小、可靠性高,但需要大量的计算。

②特征级融合。特征级融合指在提取所采集数据包含的特征向量之后融合。特征向量用来体现所监测物理量的属性,在面向检测对象特征的融合中,这些特征信息是指采集图像中的目标或特别区域,如边缘、人物、建筑或车辆等信息,其结构如图 6-21 所示。特征级融合通过各传感器的原始数据结合决策推理算法,对特征信息进行分类、汇集和综合,提取具有表示能力及统计信息的属性特征。对融合后的特征进行目标识别的精确度明显高于原始图像的精确度。

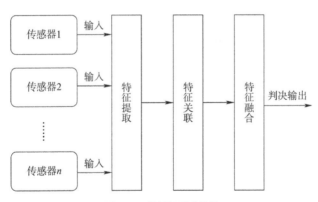

图 6-21　特征级融合结构

特征级融合先对图像进行了压缩,再用计算机分析与处理,所消耗的内存、时间与数量级相对会减少,因此处理的实时性就会有所提高。特征级融合提取图像特征作为融合信息,不可避免地会丢掉一部分的细节性特征,因此,对图像匹配的精确度的要求没有数据级融合高,但计算速度比数据级融合快。

根据融合内容,特征级融合又分为目标状态信息融合和目标特性融合两大类。其中,前者是先进行数据配准,以实现对状态和参数相关估计,更加适用于目标追踪,后者是借用传统模式识别技术,在特征预处理的前提下进行分类组合。

(2) High-level 融合。

High-level 融合体系结构是一种较高语义层次上的融合,可以是分布式融合结构或者集中式融合结构。分布式融合结构在各独立节点都设置相应的处理单元,在对各个独立传感器所获得的原始数据进行局部处理的基础上,再将结果输入到数据融合中心,进行智能优化、组合、推理来获得最终的结果,其结构如图 6-22 所示。分布式融合结构计算速度快、延续性好,在某一传感器失灵的情况下仍可以继续工作,可靠性更高。分布式融合结构对通信带宽的需求低,适用于远距离传感器信息反馈,但在低通信带宽中传输会造成一定的损失,精度降低。

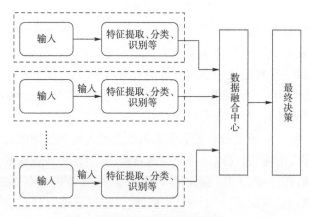

图 6-22　分布式融合结构

集中式融合结构如图 6-23 所示,根据不同种类的传感器对同一目标观测的原始数据,进行一定的特征提取、分类、判别,以及简单的逻辑运算,然后根据应用需求进行较高级的决策,获得简明的综合推断结果,是高语义层次上的融合。

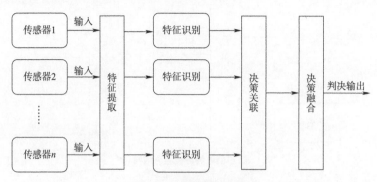

图 6-23　集中式融合结构

(3) 混合式融合结构。

混合式融合结构是由多种 Low-Level 和 High-Level 融合结构组合而成,如图 6-24 所示,部分传感器采用集中式融合方式,其余的传感器采用分布式融合结构,兼有二者的优点,能够根据不同需要灵活且合理地完成信息处理工作。但是,混合式融合方法的结构复杂,对结构设计要求高,加大了通信和计算上的代价。

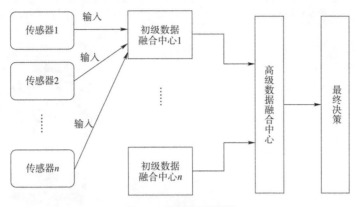

图6-24 混合式融合结构

拓展阅读

近年来,从主流车企代表车型的自动驾驶感知方案来看,都广泛采用了多种传感器融合的方案。以通用 Cruise AV 为例,通用目标是实现 L4 级别的自动驾驶,全车搭载 5 个 Velodyne 的 VLP16 16 线激光雷达、21 个毫米波雷达(其中有 12 个由日本 ALPS 提供的 79GHz 的毫米波雷达)以及 16 个摄像头。

技能实训

(一)ADAS 调试

1. 准备工作

1)任务要求

(1)能熟练使用设备和工具。

(2)能按流程规范进行 ADAS 调试。

2)组织方式

(1)在教师的引导下分组,以小组为单位学习相关知识;每组人数不少于 3 人,分别负责主操作、辅助记录、安全监督。

(2)依据操作规范实车认知线控系统,小组内互相讲述 ADAS 系统组成和工作原理。

3)实施准备

(1)安全要求及注意事项。

学员进入实训区务必穿戴劳动防护用品,严格遵守实训区 5S 作业规程。

严禁非专业人员或无实训教师在场的情况下私自对汽车高压电部件进行移除或安装。

(2)场地设施。

满足理论及实践教学的工学一体化教学教室和实训场地。

(3)工具设备或耗材。

工具设备或耗材见表 6-1。

工具设备或耗材　　　　　　　　　　　　　表 6-1

名称及数量	实物图片
自动驾驶小车 4 辆	
世达工具小车 4 辆	
世达高级电工维修套装 4 套	

2. 实施步骤

（1）补充完整图 6-25 多技术融合技术流程图。

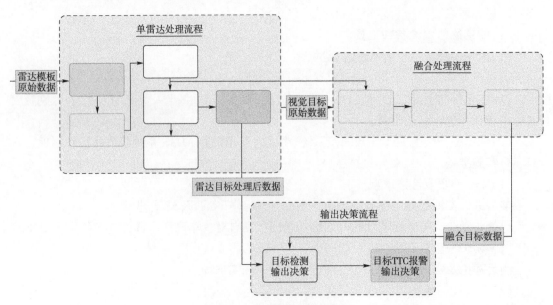

图 6-25　多技术融合技术流程图

(2)补充完整图6-26毫米雷达系统网络架构示意图。

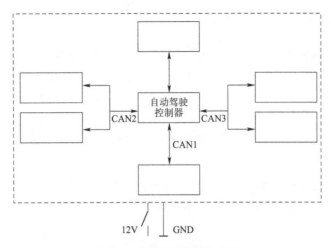

图6-26 毫米雷达系统网络架构

(二)评价与反馈

1. 自我评价与反馈(100分)
(1)是否遵守课堂纪律、是否认真听讲,占20%,成绩为_____。
(2)团队合作意识、尊重团队成员(包括老师和其他同学),占30%,成绩为_____。
(3)学习任务(工作任务)完成情况,占40%,成绩为_____。
(4)5S现场管理及环保意识、成本控制意识,占10%,成绩为_____。
自我评价与反馈的成绩为_____。

2. 小组评价与反馈(100分)
(1)是否遵守课堂纪律、是否认真听讲,占20%,成绩为_____。
(2)团队合作意识、尊重团队成员(包括老师和其他同学),占30%,成绩为_____。
(3)学习任务(工作任务)完成情况,占40%,成绩为_____。
(4)5S现场管理及环保意识、成本控制意识,占10%,成绩为_____。
小组评价与反馈的成绩为_____。

3. 教师评价与反馈(100分)
(1)是否遵守课堂纪律、是否认真听讲,占20%,成绩为_____。
(2)团队合作意识、尊重团队成员(包括老师和其他同学),占30%,成绩为_____。
(3)学习任务(工作任务)完成情况,占40%,成绩为_____。
(4)5S现场管理及环保意识、成本控制意识,占10%,成绩为_____。
教师评价与反馈的成绩为_____。

4. 综合评价
综合成绩 = 自我评价与反馈成绩 × 30% + 小组评价与反馈成绩 × 40% + 教师评价与反馈成绩 × 30%

综上,综合评价的最终成绩为_____。

思考与练习

一、判断题

1. 基于视觉传感器：需要先进行目标识别，然后根据目标在图像中的像素大小来估算目标的距离。（   ）

2. 毫米波雷达主要是通过对目标物发送电磁波并接受回波来获得目标物体距离、速度和角度。（   ）

3. 将视觉传感器和雷达进行融合，相互配合共同构成汽车的感知系统，取长补短，实现更稳定可靠的 ADAS 功能。（   ）

4. 摄像头和激光雷达摄像头都可用于进行车道线检测。（   ）

5. 周边物体感知仅包括车辆、行人的识别。（   ）

二、选择题

ADAS 利用安装在车上的(   )在汽车行驶过程中随时来感应周围的环境，从而预先让驾驶者察觉到可能发生的危险，有效增加汽车驾驶的舒适性和安全性。

A. 毫米波雷达　　　B. 激光雷达　　　C. 单/双目摄像头　　　D. 卫星导航

参 考 文 献

[1] 刘文峰,吴长江,谭克辉.自动驾驶车辆传感器融合技术综述[J].机器人,2019(5):524-536.

[2] 陈宇飞,王钦强.基于多传感器融合技术的自动驾驶汽车环境感知技术综述[J].智能计算机与应用,2020,11(7):25-28.

[3] 张怡然,邱永峰,戴阳洋,等.基于深度学习的自动驾驶汽车目标检测技术综述[J].计算机工程与设计,2020,41(12):3034-3043.

[4] 王艳,胡志宏.自动驾驶汽车传感器技术发展现状及趋势[J].汽车工程师,2021,43(4):16-21.

[5] 李伟,黄志波,郭晓军,等.自动驾驶汽车激光雷达传感器技术综述[J].激光与光电子学进展,2021,58(7):070001-1-070001-14.

[6] 王立,梁昆.基于机器视觉的自动驾驶汽车感知技术综述[J].计算机应用研究,2022,39(1):22-26.

[7] 韩乐乐,高巍巍.自动驾驶汽车传感器技术综述[J].现代交通技术,2022(2):1-6.

[8] 赵俊玮,徐嘉伟,郭云海,等.基于深度学习的自动驾驶汽车物体检测研究综述[J].机器人技术与应用,2022,31(1):1-12.

[9] 王辰,赵小平.自动驾驶汽车传感器融合技术研究综述[J].智能计算机与应用,2022,13(2):1-6.

[10] 刘涛,张迪,卢壮峰.自动驾驶汽车雷达传感器技术综述[J].激光与光电子学进展,2022,59(5):050004-1-050004-13.